Ukulele
THE MOST REQUESTED SONGS

Cherry Lane Music Company
Director of Publications/Project Editor: Mark Phillips
Project Coordinator: Rebecca Skidmore

ISBN 978-1-60378-197-8

Visit our website at www.cherrylaneprint.com

CONTENTS

Annie's Song

Words and Music by
John Denver

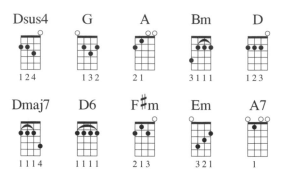

Verse 1

|Dsus4 ||G |A |Bm
You fill   up my sens - es

|G |D |Dmaj7 |D6
Like a night in a forest,

|D |G |F#m |Em
Like the mountains in spring - time,

|G |A7 | |
Like a walk in the rain.

|A7 |G |A |Bm
Like a storm in the des - ert,

|G |D |Dmaj7 |D6
Like a sleepy blue ocean,

|D |G |F#m |Em
You fill up my sens - es,

|A7 |D |Dsus4 |D |
Come fill me a - gain.

Verse 2

Dsus4 ‖**G** |**A** |**Bm**
Come let me love you,

|**G** |**D** |**Dmaj7** |**D6**
Let me give my life to you,

|**D** |**G** |**F♯m** |**Em**
Let me drown in your laugh - ter,

|**G** |**A7** | |
Let me die in your arms.

|**A7** |**G** |**A** |**Bm**
Let me lay down be - side you,

|**G** |**D** |**Dmaj7** |**D6** |
Let me always be with you,

D |**G** |**F♯m** |**Em**
Come let me love you,

|**A7** |**D** |**Dsus4** |**D**
Come love me a - gain.

Repeat Verse 1

Accidentally in Love
(from the Motion Picture SHREK 2)

Words and Music by
Adam F. Duritz, Dan Vickrey, David Immergluck, Matthew Malley and David Bryson

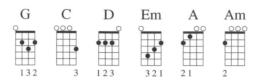

Intro

G | C | G | D |

G | C | Em | A | C ||

Verse 1

G | C |
So she said, "What's the problem, baby?"
G | C | Em |
What's the problem? I don't know. Well, maybe I'm in love (love).
| A | C |
Think about it, every time I think about it, can't stop thinking 'bout it.
G | C |
How much longer will it take to cure this?
G | C | Em |
Just to cure it 'cause I can't ignore it if it's love (love).
| A
Makes me wanna turn around and face me
| D | C ||
But I don't know nothing 'bout love. Ah.

Chorus 1

G   Am   C | D |
Come on, come on, turn   a little faster.
G   Am   C | D |
Come on, come on, the world   will follow after.
G   Am
Come on, come on,
C | D   Em | A | C | ||
'Cause everybody's after love.

```
G                      |C                          |
    So I said I'm a snowball running.
G                          |C
    Running down into the spring that's coming.
      |Em                  |A                  |C
All this   love melting under blue skies, belting out sunlight,
              |G
Shimmering love.
           |C              |G                  |
Well, baby, I surrender to the strawberry ice cream.
C                      |Em
Never ever end of all this    love.
      |A                              |D          |C              ||
Well, I didn't mean to do it, but there's no escaping your love.   Ah.
```

```
Em                 |C                      |G
    These lines of lightning mean we're never alone,
Am     |       N.C.      ||
Never alone, no, no.
```

```
G      Am      C   |      D      |
Come on, come on, move  a little closer.
G      Am        C   |          D      |
Come on, come on, I want  to hear you whisper.
G      Am      C  |         D    |Em      |D           |
Come on, come on, set - tle down in - side my love.          Ah.
G      Am      C  |      D    |
Come on, come on, jump  a little higher.
G        Am           C  |      D      |
  Come on, come on, if you feel  a little lighter.
G        Am
Come on, come on,
   C    |           D    |Em    |A    |C         |
We were once upon a time in love.
```

Bridge 2

                             ‖G   **|C**
We're accidentally in   love,

          |Em   **|D**
Accidentally in   love.

         |G   **|C**
Accidentally in   love.

          |Em   **|D**
Accidentally in   love.

         |G   **|C**
Accidentally in   love.

          |Em   **|D**
Accidentally in   love.

         |G   **|C**
Accidentally in   love.

          |Em   **|D**   **‖**
Accidentally in   love.   Accidentally…

Bridge 3

G   **|C**   **|**
  I'm in love, I'm in love, I'm in love, I'm in love,

Em   **|D**   **|**
  I'm in love, I'm in love,   accidentally.

G   **|C**   **|**
  I'm in love, I'm in love, I'm in love, I'm in love,

Em   **|D**   **‖**
  I'm in love, I'm in love,   accidentally.

Chorus 3

G   **Am**   **C** **|**   **D**   **|**
Come on, come on, spin a little tighter.

G   **Am**   **C**   **|**   **D**   **|**
  Come on, come on, and the world's a little brighter.

G   **Am**   **C** **|**   **D**   **|Em**   **|D**
Come on, come on, just get yourself in - side her love.

                  |G   **‖**
I'm in love.

Banana Pancakes

Words and Music by Jack Johnson

G7	Am7	D7	C7	D	Bm7	Em	G+	C	G
×	○○○○		○○○	○		○	○	○○○	
2 1 3		1 1 1 3	1	1 2 3	1 1 1 1	3 2 1	2 3 1	4	1 3 2

Intro

G7 |Am7 |
      Well, can't you see that it's just raining?

Am7 |G7 |
      There ain't no need to go out - side.

Verse 1

          D7   ‖G7   D7 |
But baby, you hardly even notice

Am7   C7 |G7
When I try to show you this song,

               D7 |Am7   C7 |
It's meant to keep you from doing what you're s'posed to.

G7   D7 |
Waking up too early,

Am7   C7 |
Maybe we could sleep in.

G7   D7
Make you banana pancakes,

     |Am7   C7 |Am7 |
Pre - tend like it's the weekend now.

Am7 |G7 |
      And we could pretend it all the time,   yeah.

G7 |Am7 |
      Can't you see that it's just raining?

Am7 |G7 |
      There ain't no need to go out - side.

Verse 2

G7   D7   ‖G7   D7 |
But just maybe ha - la ka uku - lele,

Am7   **C7**
Mama made a baby.

  |**G7**   **D7**
(I) really don't mind the practice,

   |**Am7**   **C7** |
'Cause you're my little lady.

G7   **D7**
Lady, lady, love me,

   |**Am7**   **C7** |
'Cause I love to lay here, lazy.

G7   **D7**
We could close the curtains,

  |**Am7**   **C7** |**Am7** |
Pre - tend like there's no world out -   side.

Am7 |**G7** |
And we could pretend it all the time, no.

G7 |**Am7** |
Can't you see that it's just raining?

Am7 |**G7** |
There ain't no need to go out - side.

G7 |**Am7** |
Ain't no need, ain't no need.

Am7 |**G7** |
Mm, mm, mm, mm.

G7 |**Am7** |
Can't you see, can't you see?

Am7 |G7 |
Rain all day and I don't mind.

Bridge

  ‖**Am7** |
But the telephone is singing, ringing;

Am7 |**D** |
It's just too early, don't pick it up.

D
  We don't need to;

   |**Am7**
We got ev'rything we need right here,

  |**Am7** |**D** |
And everything we need is enough.

D |**Bm7** |
  (It's) just so easy when the whole world fits in - side of your arms.

    |**Em**   **G+** |**C**
Do we really need to pay attention to the alarm?

   |**G** |**D7** |**G** |
Wake up slow.   Mm, mm.   Wake up slow.

Repeat Verse 1

Outro

G7 |**Am7** |
  Ain't no need, ain't no need.

Am7 |**G7** |
  Rain all day and I real - ly, really, really don't mind.

G7 |**Am7** |
  Can't you see, can't you see?

Am7 |**G**   ‖
  We've got to wake up slow.

Barrel of a Gun

Music by Guster
Words by Miller

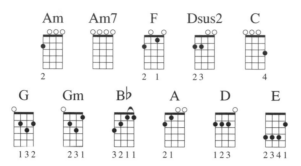

Intro   Am   Am7 |Am   Am7 |Am   Am7 |Am   Am7 ||

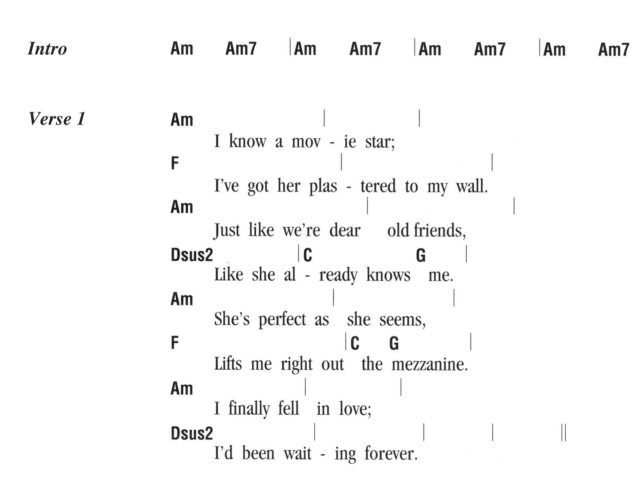

Verse 1

Am | |
I know a mov - ie star;

F | |
I've got her plas - tered to my wall.

Am | |
Just like we're dear   old friends,

Dsus2 |C   G |
Like she al - ready knows me.

Am | |
She's perfect as she seems,

F |C   G |
Lifts me right out the mezzanine.

Am | |
I finally fell in love;

Dsus2 | | | ||
I'd been wait - ing forever.

Chorus

```
       F                    |            |C
         Four,  three,  two,  one,
              |C                    |Gm
When  at  the  barrel  of  a  gun,
              |Gm              |Bb
Keep  my  head  way  down.
      |Bb              |F
Stay  out;  I'll  stay  in.
          |F                    |C
Half  dead,  half  numb,
          |C                        |Gm
She's  e - nough  to  make  me  warm.
          |Gm              |Bb        |          ||
It's  all  so  safe  and  sound.
```

Interlude

```
Am     Am7    |Am     Am7    |Am     Am7    |Am     Am7    |

N.C    F      |   C      G   |Dsus2         |                   ||
```

Verse 2

```
Am                            |              |
      Lie  back  and  fast   asleep.
F                      |C      G      |
      If  you  could  see    what  I   could see.
A                      |              |Dsus2   |          |
      Drip  drop,  a  love - ly  dream.
Am                            |              |
      Goddamn  you,  mov - ie  star,
F                      |C    G             |
      Can't  you  just  play    a  minute  more?
Am                            |              |
      We'd  be  the  best   of  friends;
Dsus2                    |              |          |      ||
      You  could  stay   here  forever.
```

Repeat Chorus

Bridge

A

She will be sweet on me,

G

Just like a mystery.

D

It's not so hard to see,

E

If I'm not mis - taken.

A

She comes from far away,

G

Gets closer everyday.

D

And all that I can say:

E

She's all I want and all   that I live for.

Repeat Chorus

N.C. F

Be OK

Words and Music by
Ingrid Michaelson

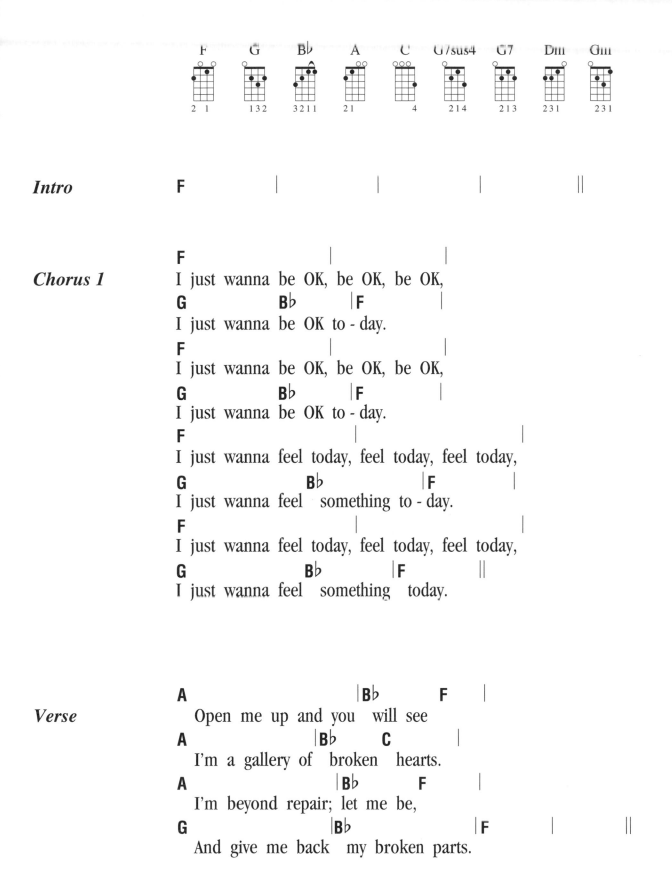

Intro

F | | | ‖

Chorus 1

F | |
I just wanna be OK, be OK, be OK,
G   **B♭** |**F** |
I just wanna be OK to - day.
F | |
I just wanna be OK, be OK, be OK,
G   **B♭** |**F** |
I just wanna be OK to - day.
F | |
I just wanna feel today, feel today, feel today,
G   **B♭** |**F** |
I just wanna feel something to - day.
F | |
I just wanna feel today, feel today, feel today,
G   **B♭** |**F**   ‖
I just wanna feel something today.

Verse

A |**B♭**   **F** |
Open me up and you   will see
A |**B♭**   **C** |
I'm a gallery of broken   hearts.
A |**B♭**   **F** |
I'm beyond repair; let me be,
G |**B♭** |**F** | ‖
And give me back   my broken parts.

Chorus 2

F | |
I just wanna know today, know today, know today,
G   Bb |F |
I just wanna know   something to - day.
F | |
I just wanna know today, know today, know today,
G   Bb |F ||
Know that maybe I will be O - K.

Repeat Verse

Bridge

G7sus4   G7 |Bb   Dm |
   Just give me back   my piec - es,
G7sus4   G7 |Bb   Dm |
   Just give them back   to me,   please.
G7sus4   G7 |Bb   Dm |
   Just give me back   my piec - es,
Gm |Bb |F | ||
   And let me hold   my broken parts.

Chorus 3

N.C. | |
I just wanna be OK, be OK, be OK,
                  | |
I just wanna be OK to - day.
F | |
I just wanna be OK, be OK, be OK,
G   **B♭**   **|F** |
I just wanna be OK to - day.
F | |
I just wanna feel today, feel today, feel today,
G   **B♭**   **|F** |
I just wanna feel   something to - day.
F | |
I just wanna know today, know today, know today,
G   **B♭**   **|F** |
Know that maybe I will be O - K.
G   **B♭**   **|F** |
Know that maybe I will be O - K.
G   **B♭**   **|F** ||
Know that maybe I will be O - K.

Belle

Words and Music by Jack Johnson

Gmaj7 G6 Gm7 Gm6 Bm7 Cm6 Am7 Am6 A♭7

Verse

‖**Gmaj7**　　　　**G6** |
Oi, Li - enda.

|**Gm7**　　　　**Gm6**|
Bella che fa?

|**Gmaj7**　**G6**|　　　|**Bm7**　　　**Cm6**|
Bo - nita,　　　　bonita, que tal?

|**Am7**　　　**Am6**|
But belle,

|**Am7**　**A♭7**|　　　|**Gmaj7**　　　**Cm6**|
Je ne comprends　　　pas　　　fran - çais.

|**Am7**　　　**A♭7**|
So you'll have to speak to me,

|**Gmaj7**　　|　　　‖
Some other way.

Breakdown

Words and Music by
Jack Johnson, Dan Nakamura and Paul Huston

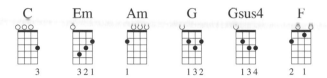

Verse 1

C |Em |
I hope this old train breaks down.

Am |G |
Then I could take a walk around and

C |Em |
See what there is to see.

Am |G
Time is just a melody.

          |C
With all the people in the street

       |Em |
Walking fast as their feet can take them,

Am |G
I   just roll through town.

         |C
And though my window's got a view,

        |Em
Well, the frame I'm looking through

      |Am |G ||
Seems to have no concern for me now.   So for now I…

Chorus

```
        C     |Gsus4       |Am              |G              |
        I    need  this here    old train to break down.

        C     |Gsus4    |Am                 |G              ||
        Oh, please just      let me please break down.
```

Interlude

```
        C        |Em      |Am      |G           |
        C        |Em      |Am      |G           ||
```

Verse 2

```
        C                    |Em                  |
        Well, this engine screams out loud;

    Am                    |G                       |
        Centipede  gonna  crawl westbound.

    C                    |Em                      |
        So I don't even  make a sound, 'cause

    Am                           |G
        It's gonna sting me when I leave this town.

              |C                        |Em
    And all the people in the street that I'll never get to meet

          |Am                             |
    (If) these    tracks don't bend somehow.

    G      |C                    |Em
        And I got no time that I   got to get to

        |Am                       |G              ||
    Where    I don't need to be.        So I...
```

Repeat Chorus (2x)

Bridge
    C |G   F |C |G   F |
               I wanna break on down.   But I can't stop now.

    C |G   F |C |G   F
               Let me break on down.

Verse 3
                ||C |Em
        But you can't stop nothing if you got no control

          |Am |G
        Of the thoughts in your mind that you kept in, you know.

          |C |Em
        You don't know nothing, but you don't need to know.

          |Am |G
        The wisdom's in the trees, not the glass windows.

          |C |Em
        You can't stop wishing if you don't let go,

          |Am |G
        The things that you find and you lose and you know.

          |C |Em
        You keep on rolling, put the moment on hold.

          |Am |G ||
        The frame's too bright so put the blinds down low. And...

Repeat Chorus (2x)

Outro   C |Em |Am   G

                           |C |Em |Am   G
        I wanna break on down.

                     |C |Em |Am   G |
        But I can't stop now.

       C |Em |Am   G |C ||

Better Together

Words and Music by Jack Johnson

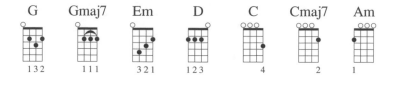

Verse 1

G   **Gmaj7**
There's no combi - nation of words

    |Em   **D**
I could put on the back of a postcard,

C   **Cmaj7**
No song that I   could sing.

   |Am   **D** |
But I   could try for your heart and

G   **Gmaj7**   **|Em**   **D**
Our dreams, and they are made out of real things,

    |C   **Cmaj7**
Like a   shoebox of photographs

   |Am   **D** |
With sepiatone loving.

G   **Gmaj7**
Love is the answer,

    |Em   **D**
At least for most of the questions in my heart,

 |C   **Cmaj7**   **|Am**
Like, "Why are we here?" and "Where do we go?"

        D
And "How come it's so hard?"

 |G   **Gmaj7**
And   it's not always easy,

    |Em   **D** |
And sometimes life can be de - ceiving

C   **Cmaj7**
I'll tell you one thing,

   |Am   **D** ||
It's always better when we're to - gether.

Chorus

C |D |
Mm, it's always better when we're together.

C |D |
Yeah, we'll look at the stars when we're together.

C |D |
Well, it's always better when we're together.

C |D   ‖
Yeah, it's always better when we're together.

Interlude   G   Gmaj7 |Em   D |C   Cmaj7 |Am   D |

                   G   Gmaj7 |Em   D |C   Cmaj7 |Am   D

Verse 2

‖G
And all of these moments

    Gmaj7 |Em   D |
Just might find their way into my dreams tonight,

  |C   Cmaj7
But I know that they'll be gone

     |Am   D
When the morning light sings

       |G   Gmaj7
Or brings new things.

       |Em   D
For to - morrow night you see

   |C   Cmaj7
That they'll be gone too.

    |Am   D
Too many things I have to do.

        |G   Gmaj7
But if all of these dreams might find their way

   |Em   D
Into my day - to - day scene,

   |C   Cmaj7
I'd be under the impres - sion

  |Am   D |G
I was somewhere in between   with only two,

      Gmaj7
Just me and you.

    |Em   D
Not so many things we got to do

 |C   Cmaj7
Or places we got to be.

    |Am   D   ‖
We'll sit be - neath the mango tree now.

Chorus

C |D |
Yeah, it's always better when we're together.

C |D |
Mm, we're somewhere in between together.

C |D |
Well, it's always better when we're together.

C |D ||
Yeah, it's always better when we're together.

Interlude

G   Gmaj7 |Em   D |C   Cmaj7 |Am   D |

G   Gmaj7 |Em   D |C   Cmaj7 |Am   D ||

Bridge

Am |D
I believe in memo - ries;

         |Am |D
They look so,   so pretty when I sleep.

         |Am |D
Hey now, and,   and when I wake up,

         |Am
You look so pretty

           |D
Sleeping next to me.

       |C |D
But there is   not enough time,

         |C |D
And there is no,   no song I could sing.

         |C |D
And there is no   combination of words I could say,

       |C |
But I will still   tell you one thing:

D ||
We're better together.

Outro

G   Gmaj7 |Em   D |C   Cmaj7 |Am   D |

G   Gmaj7 |Em   D |C   Cmaj7 |Am   D |G ||

Blowin' in the Wind

Words and Music by Bob Dylan

D   G   A   F#   Bm

1 2 3   1 3 2   2 1   3 1 2 1   3 1 1 1

Verse 1

D |G |D |
How many roads must a man walk down

  |D |G |A |
Be - fore you call him a man?

      |D |G |D |
Yes, 'n' how many seas must a white dove sail

  |D |G |A |
Be - fore she sleeps in the sand?

     |D |G |D |
Yes, 'n' how many times must the cannon balls fly

  |D |G |A
Be - fore they're forever banned?

     |G |A |D F# |Bm
The answer, my friend, is blowin' in the wind,

     |G |A |D | ||
The answer is blowin' in the wind.

Verse 2

```
   D        |G        |D        |
How many times must a man look up
```

```
  |D        |G   |A        |
Be - fore he can see the sky?
```

```
       |D        |G        |D        |
Yes, 'n' how many ears must one man have
```

```
  |D        |G        |A        |
Be - fore he can hear people cry?
```

```
       |D        |G        |D        |
Yes, 'n' how many deaths will it take till he knows
```

```
  |D        |G        |A        |
That too many people have died?
```

```
   |G        |A   |D   F♯ |Bm
The answer, my friend, is blowin' in the wind,
```

```
  |G        |A        |D        |        ||
The answer is blowin' in the wind.
```

Verse 3

```
   D        |G        |D        |
How many years can a mountain ex - ist
```

```
  |D        |G        |A        |
Be - fore it's washed to the sea?
```

```
       |D        |G        |D        |
Yes, 'n' how many years can some people ex - ist
```

```
  |D        |G        |A        |
Be - fore they're al - lowed to be free?
```

```
       |D        |G        |D        |
Yes, 'n' how many times can a man turn his head,
```

```
  |D        |G        |A        |
Pre - tending he just doesn't see?
```

```
   |G        |A   |D   F♯ |Bm
The answer, my friend, is blowin' in the wind,
```

```
  |G        |A        |D        |        ||
The answer is blowin' in the wind.
```

Bubbly

Words and Music by
Colbie Caillat and Jason Reeves

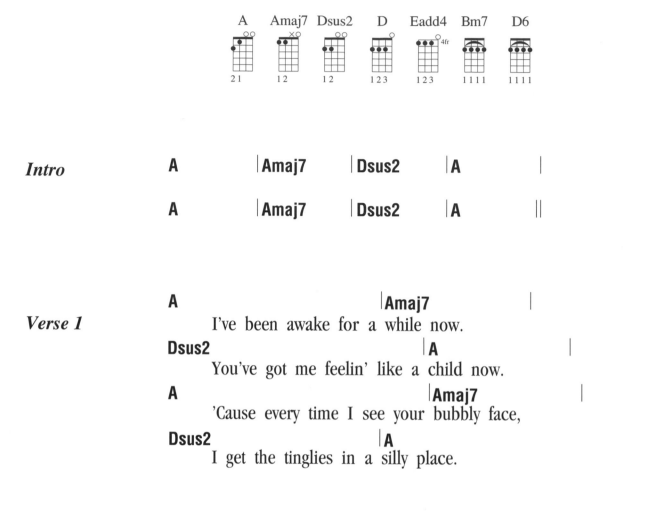

Intro   A |Amaj7 |Dsus2 |A |

A |Amaj7 |Dsus2 |A ||

Verse 1

A |Amaj7 |
   I've been awake for a while now.
Dsus2 |A |
   You've got me feelin' like a child now.
A |Amaj7 |
   'Cause every time I see your bubbly face,
Dsus2 |A
   I get the tinglies in a silly place.

Chorus 1

         ||A |Amaj7
It starts in my toes   and I crinkle my nose.
         |Dsus2 |A
Wherever it goes,   I always know
                    |A |Amaj7
That you make me smile. Please stay for a while   now.
         |Dsus2 |A ||
Just take your time   wherever you go.

Verse 2

     A |**Amaj7** |
     The rain is fallin' on my windowpane,
Dsus2 |**A** |
    But we are hidin' in a safer place.
A |**Amaj7** |
    Under cover, stayin' dry and warm,
Dsus2 |**A**
    You give me feelings that I adore.

Chorus 2

        ||**A** |**Amaj7**
  It starts in my toes, makes me crinkle my nose.
       |**Dsus2** |**A**
  Wherever it goes,   I always know
         |**A** |**Amaj7**
  That you make me smile. Please stay for a while   now.
       |**Dsus2** |**A** ||
  Just take your time   wherever you go.

Bridge

Amaj7 | |**D** | |
   But what am I gonna say
Eadd4 | |**Bm7** |
   When you make me feel this way?
Amaj7 |**D** |
   I just…   Mm.

Repeat Chorus 2

Repeat Intro (with scat singing)

Verse 3

A |Amaj7 |
I've been asleep for a while now.
Dsus2 |A |
You tuck me in just like a child now.
A |Amaj7 |
'Cause every time you hold me in your arms,
Dsus2 |A
I'm comfortable enough to feel your warmth.

Chorus 3

            ‖A |Amaj7
It starts in my soul and I lose all control.
        |Dsus2 |A
When you kiss my nose,   the feeling shows
        |A |Amaj7
'Cause you make me smile. Baby, just take your time   now,
   |Dsus2 |A
Holdin' me tight.

Outro

     ‖A |Amaj7 |D6 |A
Wher - ever, wher - ever, wher - ever you go.
     |A |Amaj7 |D6 |A |
Wher - ever, wher - ever, wher - ever you go.
A |Amaj7 |
  Ooh, wherev - er you go,
D6 |A |
I always know.
A |Amaj7
  'Cause you make me smile,
      |D6 |A   ‖
Even just for a while.

God Only Knows

Words and Music by
Brian Wilson and Tony Asher

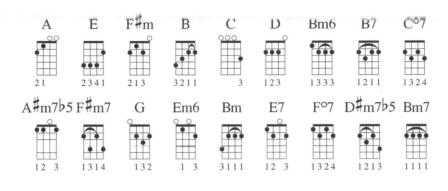

Intro

A |E |A |E |

A |E |F#m |A   B   C ||

Verse 1

D |Bm6 |
    I may not always love you,

F#m |B7 |
    But long as there are   stars above you,

E |C°7 |
    You'll never need to doubt it.

E |A#m7b5 |
    I'll make you so   sure about it.

A |E |F#m7 |E   F#m G ||
    God only knows   what I'd be without   you.

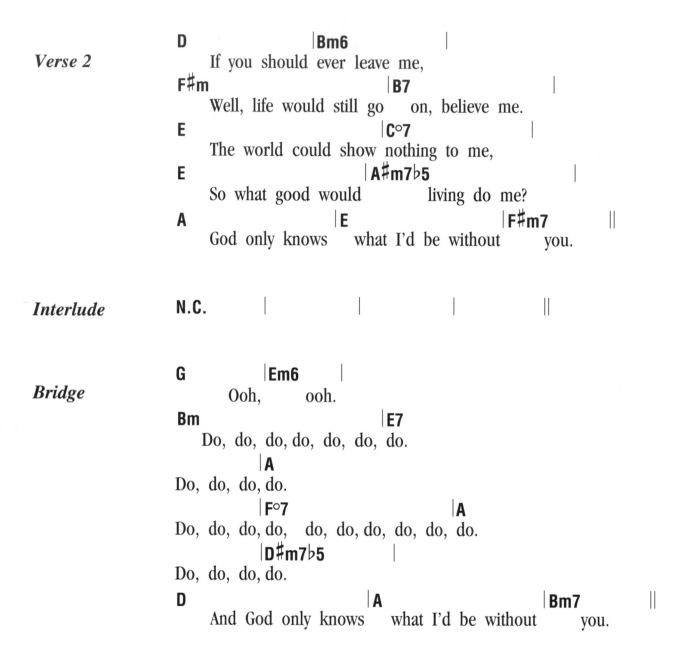

Verse 2

D |Bm6 |
   If you should ever leave me,

F♯m |B7 |
   Well, life would still go   on, believe me.

E |C°7 |
   The world could show nothing to me,

E |A♯m7♭5 |
   So what good would   living do me?

A |E |F♯m7 ||
   God only knows   what I'd be without   you.

Interlude

N.C. | | | ||

Bridge

G |Em6 |
    Ooh,   ooh.

Bm |E7
  Do, do, do, do, do, do, do.

       |A
Do, do, do, do.

       |F°7 |A
Do, do, do, do,   do, do, do, do, do, do.

      |D♯m7♭5 |
Do, do, do, do.

D |A |Bm7 ||
   And God only knows   what I'd be without   you.

Repeat Verse 2

Outro

           A |**E** |**F♯m7**
And God only knows   what I'd be without   you.

                   |**E** |**A**
God only knows   what I'd be without   you.

                   |**E** |**F♯m7**
God only knows   what I'd be without   you.

                   |**E** |**A**
God only knows   what I'd be without   you.

                   |**E** |**F♯m7**
God only knows   what I'd be without   you.

                   |**E** |**A**
God only knows   what I'd be without   you.

                   |**E** |**F♯m7** |**E**   ‖
God only knows   what I'd be without   you.

Build Me Up, Buttercup

Words and Music by
Tony McCauley and Michael D'Abo

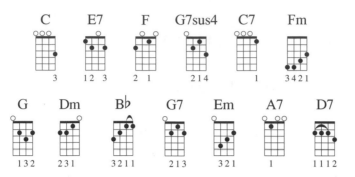

Chorus

      ‖C
Why do you build me up (build me up),
  |E7   **|F**
But - tercup, baby, just to let me down (let me down)
  |G7sus4
And mess me around?
      |C   **|E7**
And then worst of all (worst of all), you never call, baby,
      |F   **|G7sus4**
When you say you will (say you will), but I love you still.
      |C   **|C7**
I need you (I need you) more than any - one, darling.
    |F   **|Fm**
You know that I have from the start.
    |C
So build me up (build me up),
    |G   **|N.C. F**   **C Dm C| G**
But - tercup; don't break my heart.

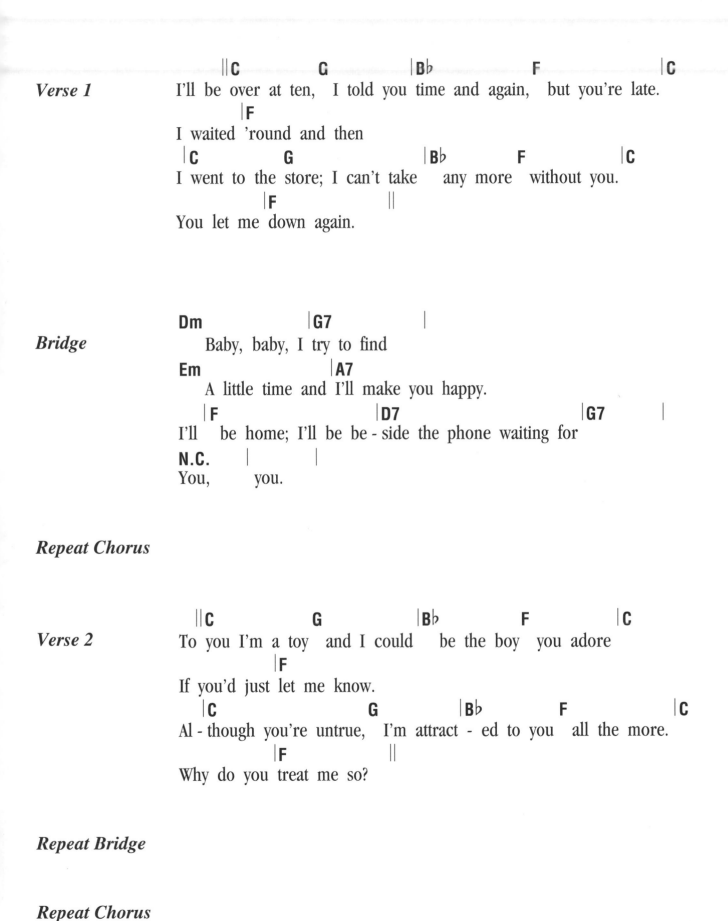

Verse 1

```
          ‖C           G        |Bb          F            |C
I'll be over at ten,  I told you time and again,  but you're late.
             |F
I waited 'round and then
 |C           G            |Bb       F          |C
I went to the store; I can't take   any more   without you.
             |F                 ‖
You let me down again.
```

Bridge

```
    Dm              |G7                |
    Baby, baby, I try to find
    Em              |A7
    A little time and I'll make you happy.
     |F                |D7                    |G7            |
I'll   be home; I'll be be‑side the phone waiting for
    N.C.      |         |
You,      you.
```

Repeat Chorus

Verse 2

```
       ‖C            G         |Bb        F         |C
To you I'm a toy  and I could   be the boy  you adore
               |F
If you'd just let me know.
     |C            G          |Bb       F           |C
Al‑though you're untrue,  I'm attract‑ed to you  all the more.
               |F           ‖
Why do you treat me so?
```

Repeat Bridge

Repeat Chorus

Cecilia

Words and Music by Paul Simon

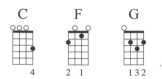

Chorus 1

C |F   C
Celia, you're breaking my heart.

      |F   C |G
You're shaking my con - fidence dai - ly.

      |F C |F   C
Oh Ce - cil - ia, I'm down on my knees.

      |F   C |G ||
I'm begging you please   to come home.

Chorus 2

C |F   C
Celia, you're breaking my heart.

      |F   C |G
You're shaking my con - fidence dai - ly.

      |F C |F   C
Oh Ce - cil - ia, I'm down on my knees.

      |F   C |G |C ||
I'm begging you please   to come home,   come on home.

Verse

    C |F |C

Making love in the af - ternoon   with Cecil - ia

F |G   C |

Up in my   bedroom   (making love).

C |F

I got up to wash   my face.

      |C |G   C ||

When I come back to bed someone's tak - en my place.

Chorus 3

C |F   C

Celia, you're breaking my heart.

    |F   C |G

You're shaking my con - fidence dai - ly.

    |F   C |F   C

Oh Ce - cil - ia, I'm down on my knees.

    |F   C |G |C

I'm begging you please   to come home,   come on home.

Interlude

    ||F | |G

Poh poh poh poh poh poh poh poh poh poh poh poh poh.

Bridge

    ||F   C |F   C

Jubi - la - tion, she loves me again.

  |F   C |G

I fall on the floor   and I'm laugh - ing.

  |F   C |F   C

Jubi - la - tion, she loves me again.

  |F   C |G

I fall on the floor   and I'm laugh - ing.

Tag

    ||F   C |F   C

Oh oh oh   oh oh oh oh oh oh

  |F   C |G |C ||

Oh oh oh oh oh oh oh oh oh,   come on home.

Day-O
(The Banana Boat Song)

Words and Music by
Irving Burgie and William Attaway

Intro

N.C.(D)
Day-o, day-o.

Daylight come and me wan' go home.

Day, me say day, me say day, me say day, me say day, me say day-o.

Daylight come and me wan' go home.

Verse 1

D
Work all night on a drink of rum.

D   **A7**   **D**
Daylight come and me wan' go home.

D
Stack banana till de morning come.

D   **A7**   **D**
Daylight come and me wan' go home.

Verse 2

D   **A7**
Come, mister tally man, tally me banana.

D   **A7**   **D**
Daylight come and me wan' go home.

D   **A7**
Come, mister tally man, tally me banana.

D   **A7**   **D**
Daylight come and me wan' go home.

Verse 3

‖**D** | |
Lift six-hand, seven-hand, eight-hand bunch.

D |**A7** **D** |
Daylight come and me wan' go home.

D | |
Six-hand, seven-hand, eight-hand bunch.

D |**A7** **D** ‖
Daylight come and me wan' go home.

Chorus

D | |
 Day, me say day-o.

D |**A7** **D** |
Daylight come and me wan' go home.

D | |
Day, me say day, me say day, me say…

D |**A7** **D**
Daylight come and me wan' go home.

Verse 4

‖**D** | |
A beautiful bunch of ripe banana.

D |**A7** **D** |
Daylight come and me wan' go home.

D | |
Hide the deadly black tarantula.

D |**A7** **D** ‖
Daylight come and me wan' go homc.

Repeat Chorus

Repeat Verse 2

Outro

N.C.(D)| |
Day-o, day-o.

D |**A7** **D** |
Daylight come and me wan' go home.

N.C.(D) | | |
Day, me say day, me say day, me say day, me say day, me say day-o.

D |**A7** **D** ‖
Daylight come and me wan' go home.

Fly Away

Words and Music by
Lenny Kravitz

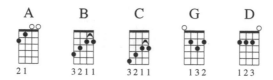

Intro   A B C |G D |A B C |G D ‖

Verse 1

```
A   B      C          |G         D        |
I wish that I could fly in-to the sky so very high,

A      B    C      |G D  |
Just like a dragonfly.

A      B    C             |G              D          |
I'd fly a-bove the trees, o-ver the seas, in all degrees,

A      B      C      |G D   ‖
To an-ywhere I please.     Oh.
```

Chorus

```
A        B C        |
I want to get away.

G          D    |A B  C     |G      D |
I want to fly away,  yeah,  yeah,  yeah.

A        B C        |
I want to get away.

G          D    |A B  C     |G      D ‖
I want to fly away,  yeah,  yeah,  yeah.
```

Verse 2

```
       A      B      C              |G          D          |
       Let's go and see the stars, the Milky Way or even Mars,

       A      B      C          |G  D  |
       Where it could just be ours.

       A      B      C              |G              D              |
       Let's fade in-to the sun, let your spirit fly where we are one,

       A      B   C    |G      D          ||
       Just for a lit - tle fun,  oh, oh,  oh, yeah.
```

Repeat Chorus (2X)

Outro

```
       A        B C        |G                  D  |
       I want to get away, I want to get away.

       A        B C        |G              D      |
       I want to get away, I want to get away,  yeah.

       A        B C        |G          D      |A B    C      |G
       I want to get away,  I want to fly  away,    yeah,  yeah,  yeah.

       D                        |
       Girl, I got to get away.

       A        B C        |G                  D |
       I want to get away, I want to get away.

       A        B C        |G              D      |
       I want to get away, I want to get away,  yeah.

       A        B C        |G          D      |A B    C      |G
       I want to get away,  I want to fly  away,    yeah,  yeah,  yeah.

       D                    |      ||
       Yeah, yeah, yeah, yeah, yeah.
```

Forever Young

Words and Music by
Bob Dylan

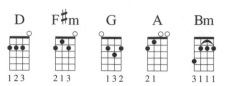

Verse 1

      ‖**D**
May God bless and keep you always,
      |**F♯m**
May your wishes all come true,
      |**G**
May you always do for others
      |**G** |**D** |
And let others do for you.
      |**D**
May you build a ladder to the stars
      |**F♯m** |**G** |**A**
And climb on every rung, may you stay
      |**D** |
Forever young.

Chorus

      ‖**A** | |**Bm** |
Forever young,   forever young,
      |**D** |**A** |**D** |
May you stay   forever young.

Verse 2

      ‖**D**
May you grow up to be righteous,
     |**F♯m**
May you grow up to be true,
    |**G**
May you always know the truth
      |**G** |**D**
And see the lights surrounding you.
    |**D**
May you always be courageous,
    |**F♯m** |**G** |**A**
Stand up‑right and be strong, and may you stay
    |**D**
Forever young.

Repeat Chorus

Verse 3

      ‖**D**
May your hands always be busy,
    |**F♯m**
May your feet always be swift,
   |**G**
May you have a strong foundation
   |**G** |**D**
When the winds of changes shift.
   |**D**
May your heart always be joyful,
   |**F♯m** |**G** |**A**
May your song always be sung, and may you stay
   |**D**
Forever young.

Repeat Chorus

Georgia on My Mind

Words by Stuart Gorrell
Music by Hoagy Carmichael

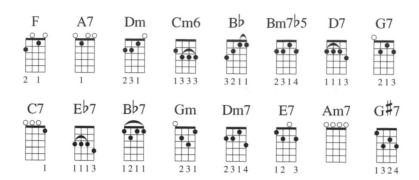

Verse 1

F |A7 |
Georgia,   Georgia,
Dm   Cm6 |Bb   Bm7b5
   The whole day through.
  |F   D7 |
Just an old sweet song
G7   C7 |Eb7   D7 |G7   C7 ||
   Keeps Georgia on my mind (Georgia on my mind).

Verse 2

F |A7 |
Georgia,   Georgia,
Dm Cm6 |Bb   Bm7b5
   A song of you
     |F   D7 |
Comes as sweet and clear
G7   C7 |F   Bb7 |F   A7 ||
   As moonlight through the pines.

Bridge

Dm   Gm |Dm   D♭7 |
Other arms   reach out to me;
Dm   **Gm** |**Dm**   **G7** |
Other eyes   smile tenderly.
Dm   **Gm** |**Dm7**   **E7**
Still in the peace - ful dreams I see
  |**Am7**   **G♯7** |**G7**   **C7** ||
The road leads back to you.

Verse 3

F |**A7** |
Georgia,   Georgia,
Dm **Cm6** |**B♭** **Bm7♭5**
  No peace I find.
   |**F**   **D7**
Just an old sweet song
  |**G7**   **C7** |**E♭7** |**D7**
Keeps Georgia on my mind.
   |**G7** |
I said, just an old sweet song
C7 |**F** **B♭7** |**F** ||
  Keeps Georgia on my mind.

I Gotta Feeling

Words and Music by
Will Adams, Allan Pineda, Jaime Gomez, Stacy Ferguson, David Guetta and Frederic Riesterer

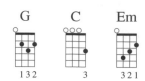

Intro

| G | | C | | Em | | C | | |

| G | | C | | Em | | C | |

Chorus 1

‖ **G** |
I gotta feel - ing

| **C** |
That tonight's   gonna be a good   night,

| **Em** |
That tonight's   gonna be a good   night,

| **C** |
That tonight's   gonna be a good,   good night.

| **G** |
A feel - ing

| **C** |
That tonight's   gonna be a good   night,

| **Em** |
That tonight's   gonna be a good   night,

| **C** |
That tonight's   gonna be a good,   good night.

Verse 1

G | |
Tonight's the night.   Let's live it up.

C | |
I got my money.   Let's spend it up.

Em | |
Go out and smash it.   Like, oh my God,

C | **Tacet** ||
Jump off that sofa.   Let's get, get off.

Verse 2

G |
  I know that we'll   have a ball

      |C |
If we get   down and go out and just   lose it all.

    |Em |
I feel   stressed out. I wan - na let it go.

      |C | ||
Let's go way   out, spaced out and los - ing all control. (Ch-ch-ch-ch.)

Verse 3

G | |
Fill up my cup.   Mazol tov!

C | |
Look at her dancing; just take it off.

Em | |
Let's paint the town.   We'll shut it down.

C | ||
Let's burn the roof   and then we'll do it again.

Bridge 1

```
          G                              |C              |
     Let's do it, let's do it, let's do it, let's do it, and do it, and do it.
                     |Em              |
     Let's live it up, and do it, and do it, and do it, do it, do it.
        |C                 |
     Let's do it. Let's do it. Let's do it, 'cause
```

Repeat Chorus 1

Repeat Verse 1

Repeat Verse 3

Bridge 2

```
          G                              |C              |
     Let's do it, let's do it, let's do it, let's do it, and do it, and do it.
                     |Em              |
     Let's live it up, and do it, and do it, and do it, do it, do it.
        |C                 |              ||
     Let's do it. Let's do it. Let's do it, do it, do it, do it.
```

Verse 4

```
     G                        |              |
     Here we come, here we go. We gotta rock.
     C                |              |
     Easy come, easy go. Now we on top.
     Em               |              |
     Feel the shot, body rock. Rock it, don't stop.
     C                        |              ||
     Round and round, up and down, around the clock.
```

Verse 5

```
G                         |                    |
Monday, Tuesday, Wednesday and Thursday.
C             |                 |
Friday, Saturday. Saturday to Sunday.
Em                          |                        |
Get, get, get, get, get with us. You know what we say, say:
C                    |
Party every day. P-P-P - Party every day.
```

Chorus 2

```
                     ‖G          |
And  I'm  feel - ing
                 |C                |
That  tonight's    gonna be a good    night,
                 |Em               |
That  tonight's    gonna be a good    night,
                 |C                |
That  tonight's    gonna be a good,    good night.
              |G          |
A  feel - ing
                 |C                |
That  tonight's    gonna be a good    night,
                |Em               |
That  tonight's    gonna be a good    night,
                 |C                |              |G      ‖
That  tonight's    gonna be a good,    good night.
```

I Shot the Sheriff

Words and Music by
Bob Marley

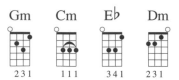

Chorus 1

    Gm | |
I shot the sher - iff,
Cm | |**Gm** | | | |
   But I didn't shoot no deputy,   oh, no,   oh.
Gm | |
I shot the sher - iff,
Cm | |**Gm** | | |
   But I didn't shoot no deputy,   ooh, ooh,   ooh.

Verse 1

    ||**E♭** |**Dm** |**Gm** |
Yeah!   All a - round in my home town
    |**E♭** |**Dm** |**Gm** |
They're tryin' to track me down,   yeah.
    |**E♭** |**Dm** |**Gm** |
They say they want to bring me in guilty
    |**E♭** |**Dm** |**Gm** |
For the killing of a depu - ty,
    |**E♭** |**Dm** |**Gm** |
For the life of a depu - ty.
    |**N.C.** | | |
But I say,
N.C. | ||
Oh, now, now.   Oh,

Chorus 2

Gm | |
I shot the sher - iff,

Cm | |**Gm** |
   But I swear it was in self-defence.

Gm | | |
   Ooh, ooh, ooh.   I said,

Gm |
I shot the sher - iff,

  |**Cm** |**Gm** |
Oh, Lord, and they say it is a capital offence.

Gm | | ‖
   Ooh, ooh, ooh.   Here this.

Verse 2

E♭ |**Dm** |**Gm** |
  Sheriff John Brown always hated me;

|**E♭** |**Dm** |**Gm** |
For what,   I don't know.

  |**E♭** |**Dm** |**Gm** |
Every time   I plant   a seed,

    |**E♭** |**Dm** |**Gm** |
He said, "Kill it be - fore it grows."

    |**E♭** |**Dm** |**Gm** |
He said, "Kill them be - fore they grow."

    |**N.C** | | |
And so,   and so:

N.C. ‖
Read it in the news:

Chorus 3

```
Gm                  |           |
I shot the sher - iff,
Cm          |              |Gm        |           |           |           |
   But I swear it was in self-defence.      Ooh, ooh,  ooh.        I said,
Gm                  |           |
I shot the sher - iff,
Cm          |              |Gm        |           |           ||
   But I swear it was in self-defence.            Ooh.
```

Verse 3

```
Eb                    |Dm      |Gm         |
Freedom came my way one day
      |Eb  |Dm         |Gm         |           |
And I started out of town,     yeah!
Eb          |Dm         |Gm         |           |
   All of a sudden I saw       Sheriff John Brown,
Eb          |Dm      |Gm         |
Aimin' to shoot me down.
      |Eb  |Dm            |Gm         |
So, I shot, I shot, I shot him down.
         |N.C.      |           |           |
And I say,
         |N.C.      |           ||
If I am guilty I will pay.
```

Repeat Chorus 1

Verse 4

```
                 || Eb           | Dm        | Gm              |
           Re - flexes had the better of me.
                  | Eb          | Dm        | Gm              |
           And what is to be must be.
                   | Eb          | Dm         | Gm             |        |
           Every day    the bucket a-go a well;
           Eb            | Dm         | Gm              |        |
           One day the bottom a-go drop out.
           Eb            | Dm          | Gm                     |
           One day the bottom a-go drop out.
                  | N.C.        |         |         |        ||
           I  say,
```

Repeat Chorus 1

I'm Yours
Words and Music by
Jason Mraz

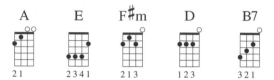

Intro   A |E |F♯m |D

Verse 1

‖A
Well, you done done me in; you bet I felt it.
 |E
I tried to be chill, but you're so hot that I melted.
|F♯m |D
I fell right through the cracks. Now I'm trying to get back.
           |A
Before the cool done run out, I'll be giving it my bestest,
   |E
And nothing's going to stop me but divine intervention.
 |F♯m |D
I reckon it's again my turn to win some or learn some.

Chorus 1

     ‖A |E |F♯m
But I won't hesi-tate no more, no more.
        |D |A
It cannot wait. I'm yours.
     |E |F♯m |D   ‖
Mm,   mm, hmm, mm.

Verse 2

A |E
Well, open up your mind and see like me.

|F♯m
Open up your plans and, damn, you're free.

|D |
Look into your heart and you'll find love, love, love, love.

A |E
Listen to the music of the moment; people dance and   sing.

|F♯m
We're just one big family.

|D |B7
And it's our god-forsaken right to be loved,   loved, loved, loved, loved.

Chorus 2

||A |E |F♯m
So, I won't hesi-tate no more, no more.

|D
It cannot wait. I'm sure.

|A |E
There's no need to compli-cate.

|F♯m
Our time is short.

|D ||
This is our fate. I'm yours.

Interlude

A   E |F♯m E
Scat sing...

|D |B7 |
Skooch on over closer, dear,   and I will nibble your ear.   *Scat sing...*

A   E |F♯m E |D |B7

Verse 3

‖ A

I've been spending way too long checking my tongue in the mirror

| E

And bending over backwards just to try to see it clearer.

| F♯m | D

But my breath fogged up the glass, and so I drew a new face and I laughed.

| A

I guess what I'll be saying is there ain't no better reason

| E

To rid yourself of vanities and just go with the seasons.

| F♯m | D

It's   what we aim to do. Our name is our virtue.

Chorus 3

‖ A | E | F♯m

But I won't hesi‑tate no more, no more.

      | D |

It cannot wait. I'm yours.

A | E

Open up your mind and see like me.

                     | F♯m

Open up your plans and, damn, you're free.

                | D

Look into your heart and you'll find that   the sky is yours.

    | A

So please don't, please don't, please don't…

        | E | F♯m

There's no need to complicate 'cause our time   is short.

               | D | B7   ‖

This is, this is, this is our fate. I'm yours.

Outro   A | E | F♯m | D | A   ‖

Scat sing...

Kokomo
(from the Motion Picture COCKTAIL)

Words and Music by
Mike Love, Terry Melcher, John Phillips and Scott McKenzie

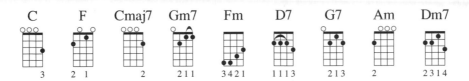

Intro

|**C** |

A - ruba, Jamaica, ooh,   I wanna take ya.

|**F** |

Ber - muda, Bahama, come   on, pretty mama.

|**C** | |**F**

Key Largo, Montego, ba - by, why don't we go, Ja - maica.

Verse 1

Tacet |**C** |**Cmaj7** |

Off the Florida Keys

Gm7 |**F** |

There's a place called Kokomo.

Fm |**C** |**D7** |**G7** |

That's where you want to go to get a - way from it all.

C |**Cmaj7** |

Bodies in the sand,

Gm7 |**F** |

Tropical drink melting in your hand.

Fm |

We'll be falling in love

C |**D7** |**G7**

To the rhythm of a steel drum band   down in Kokomo.

Chorus 1

‖ **C** |
A - ruba, Jamaica, ooh,   I wanna take you

         |**F** |
To Ber - muda, Bahama, come   on, pretty mama.

     |**C** | |**F**
Key Largo, Montego, ooh,   I wanna take you down to Kokomo.

    |**Fm** |**C** |
We'll get there fast and then we'll take it slow.

Am |**Dm7**   **G7** | |
That's where we wanna go.   Way down to Kokomo.

C | ‖
Martinique, that Monserrat mystique.

Verse 2

C |**Cmaj7** |
    We'll put out to sea

Gm7 |**F** |
    And we'll perfect our chemistry.

Fm |**C** |**D7** |**G7** |
    By and by we'll defy   a little bit of gravity.

C |**Cmaj7** |
    Afternoon delight,

Gm7 |**F** |
    Cocktails and moonlit nights.

Fm |
    That dreamy look in your eye,

C |**D7** |**G7**
    Give me a tropical contact high   way down in Kokomo.

Chorus 2

||**C** |
A - ruba, Jamaica, ooh, I wanna take you

|**F** |
To Ber - muda, Bahama, come on, pretty mama.

|**C** | |**F**
Key Largo, Montego, ooh, I wanna take you down to Kokomo.

|**Fm** |**C** |
We'll get there fast and then we'll take it slow.

Am |**Dm7**   **G7**| |
That's where we wanna go.   Way down to Kokomo.

C | ||
Port-au-Prince, I wanna catch a glimpse.

Interlude   **C** |**Cmaj7** |**Gm7** |**F** |

       Fm |**C** |**D7** |**G7** ||

Verse 3

C |**Cmaj7** |
    Everybody knows

Gm7 |**F** |
    A little place like Kokomo.

Fm |**C** |**D7** |
    Now if you wanna go and get a - way from it all,

G7
    Go down to Kokomo.

Chorus 3

||**C** |
A - ruba, Jamaica, ooh, I wanna take you

|**F** |
To Ber - muda, Bahama, come on, pretty mama.

|**C** | |**F**
Key Largo, Montego, ooh, I wanna take you down to Kokomo.

|**Fm** |**C** |
We'll get there fast and then we'll take it slow.

Am |**Dm7**   **G7**| |**C** ||
That's where we wanna go.   Way down to Koko - mo.

Imagine

Words and Music by
John Lennon

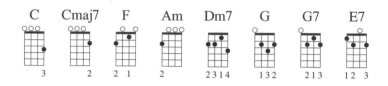

Intro   **C**   **Cmaj7** | **F** | **C**   **Cmaj7** | **F**   ‖

Verse 1

```
C                 Cmaj7   |F              |
Imagine there's no heaven.
C                 Cmaj7   |F              |
It's easy if you       try.
C           Cmaj7   |F           |
No hell below us,
C            Cmaj7   |F           |
Above us only sky.
F           Am       |Dm7      F     |
Imagine all   the peo - ple
G        C   |G7           ‖
Living for today.      Ah.
```

Verse 2

```
C                 Cmaj7   |F              |
Imagine there's no count - ries.
C           Cmaj7 |F           |
It isn't hard to do.
C                 Cmaj7 |F            |
Nothing to kill or die   for,
C                 Cmaj7   |F           |
And no religion,       too.
F           Am       |Dm7      F     |
Imagine all the peo - ple
G        C   |G7           ‖
Living life in peace.     You,
```

Chorus 1

```
F        G      |C          E7          |
You  may  say  I'm  a  dreamer.
F        G              |C          E7          |
But  I'm  not  the  only  one.
F            G        |C        E7          |
I  hope  some - day  you'll  join  us
F        G        |C              ||
And  the  world  will  be  as  one.
```

Verse 3

```
C            Cmaj7 |F              |
Imagine  no  posses - sions.
C                Cmaj7    |F            |
I  wonder  if  you      can.
C                    Cmaj7 |F              |
No  need  for  greed  or  hun - ger,
C                Cmaj7 |F              |
A  brotherhood  of  man.
F        Am            |Dm7      F        |
Imagine    all  the  peo - ple
G        C        |G7              ||
Sharing  all  the  world.        You,
```

Chorus 2

```
F        G        |C          E7          |
You  may  say  I'm  a  dreamer.
F        G                |C          E7          |
But  I'm  not  the  only  one.
F              G        |C        E7          |
I  hope  some - day  you'll  join  us
F        G        |C              ||
And  the  world  will  live  as  one.
```

Island in the Sun

Words and Music by
Irving Burgie and Harry Belafonte

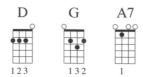

Chorus

D |G |
     O, island in the sun,

A7 |D |
Willed to me by my father's hand.

D |G
All my days I will sing in praise

     |A7 |D |A7 |D   ‖
Of your forests, waters, your shining sand.

Verse 1

D |G |
     As morning breaks   the heaven on high,

A7 |D |
     I lift my heavy load   to the sky.

D |G |
     Sun comes down with a burning glow,

D |A7   D   ‖
Mingles my sweat with the earth be - low.

Repeat Chorus

Verse 2

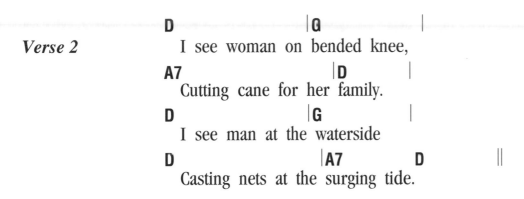

```
   D                    |G              |
     I see woman on bended knee,
   A7                    |D        |
     Cutting cane for her family.
   D                  |G            |
     I see man at the waterside
   D                      |A7      D        ||
     Casting nets at the surging tide.
```

Repeat Chorus

Verse 3

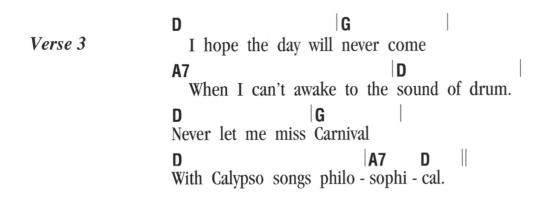

```
   D                    |G            |
     I hope the day will never come
   A7                          |D              |
     When I can't awake to the sound of drum.
   D              |G          |
   Never let me miss Carnival
   D                      |A7    D      ||
   With Calypso songs philo - sophi - cal.
```

Repeat Chorus

Jamaica Farewell

Words and Music by Irving Burgie

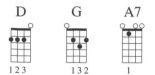

Verse 1

D |G
Down the way where the nights are gay

|A7 |D |
And the moon shines gaily on the mountaintop,

D |G
I took a trip on a sailing ship,

|A7 |D
And when I reached Jamaica, I made a stop.

Chorus

‖D |G |
But I'm sad to say, I'm on my way,

A7 |D
Won't be back for many a day.

|D |G
My heart is down, my head is turning around.

|A7 |D |
I had to leave a little crab in Kingston town.

G |A7 |D   ‖

Verse 2

```
         D                    |G
         Sounds  of  laughter  everywhere,

                 |A7                      |D            |
         And  the  dancing  fish  swaying  to  and  fro.

         D                        |G
         I  must  declare  my  heart  is  there,

                     |A7                     |D
         Though  I've  been  from  Maine  to  Mexico.
```

Repeat Chorus

Verse 3

```
         D                          |G                      |
         Under  the  sea  there  you  can  hear  Mer  folk

         A7                      |D            |
         Singing  songs  that  I  love  so  dear.

         D                    |G                    |A7
         Fish  are  dancing  everywhere  and  the  fun  is  fine

             |D
         Any  time  of  year.
```

Repeat Chorus

Kiss a Girl

Words and Music by
Monty Powell and Keith Urban

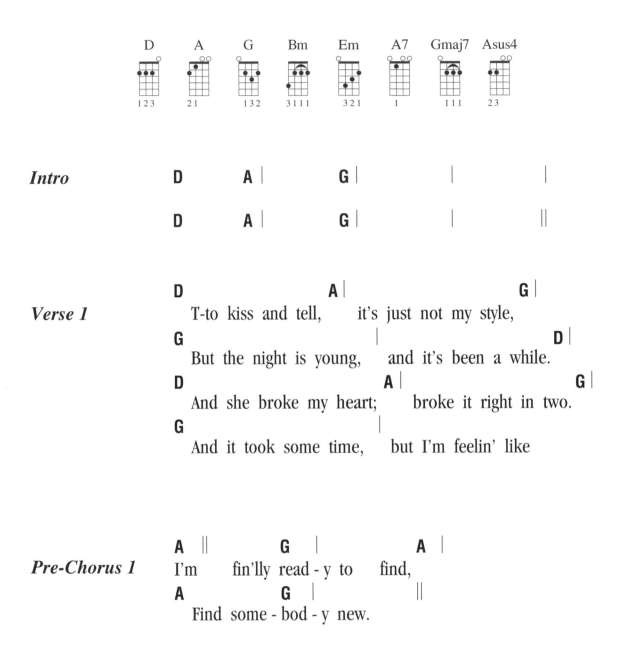

Intro

D A | G | | |

D A | G | | ||

Verse 1

D   A | G |
T-to kiss and tell,   it's just not my style,
G | D |
But the night is young,   and it's been a while.
D   A | G |
And she broke my heart;   broke it right in two.
G |
And it took some time,   but I'm feelin' like

Pre-Chorus 1

A || G | A |
I'm   fin'lly read-y to   find,
A   G | ||
Find some-bod-y new.

Chorus 1

D
I wanna kiss a girl.
A
I wanna hold her tight,
G
And maybe make a little magic in the moonlight.
D
Don't wanna go too far,
A
Just t-take it slow.
Bm   G |A
But I shouldn't be lone - ly in this big ol' world.
Em | ||
I   wanna kiss a girl.

Interlude   D   A | G | | ||

Verse 2

D   A | G |
It's that moment when   you start closing in;
G | D |
First, you're holding back,   then surrendering.
D   A | G |
It can start a fire   and light up the sky.
G | A ||
Such a simple thing.   Do you wanna try?

Pre-Chorus 2

A   G | A |
Are you read - y to   say good - bye
A   G | ||
To all   these rules?

Repeat Chorus 1

Bridge

```
       G              |A7                      |Gmaj7
                         'Cause maybe tonight
                |A7                    |G                  |A7
It could turn   into the rest of our    lives.    Oh, yeah.
              |G                      |
Are you read - y? Are you read - y
          |G                        |Asus4        |D      A|          |G
To cross    that line, put your lips        on mine?
            |G                        |D        A|          |G          |
Ooh,    put your lips on mine,    baby.
```

Pre-Chorus 3

```
G                          A ‖
  Do you wanna try?
A        G   |                  A  |
  Are you read - y to    say good - bye
A    G   |              A |  G  A  G  D ‖
To all    these rules?
```

Chorus 2

```
D                      A |
  I wanna kiss a girl.
A                          G |
  I wanna hold her tight,
G                        |                  |
  And maybe make a little magic, baby.
D                      A |
  Don't wanna go too far,
A                        |
  Just to take it slow.
Dm                    G  |              A        ‖
  But no one should be lone - ly. I shouldn't be lonely.
```

Chorus 3

```
D                        |
  I wanna kiss a girl.
A                              |
  I wanna hold her tight,
G                          |                    |
  And maybe make a little magic in the moonlight.
D                        |
  Don't wanna go too far,
A                        |
  Just t-take it slow.
Bm                 G   |                      |A
  But I shouldn't be lone - ly in this big ol' world.
G   |                      ||
I       wanna kiss a girl.
```

Outro

```
D                    A |
Na na na na na na. Na  na na na na na.
G   |                      |                    |
Na   na na na na na. I said I    wanna kiss a girl.
D                    A |
Na na na na na na. Na  na na na na na.
G   |                      |                    |
Na    na na na na na.    I wanna kiss a girl.
D                        A |
  I wanna hold her tight.
A                   G   |              |                      |
  I wanna make a lit - tle magic   out    under the moonlight.
D                    A |
Na na na na na na. Na  na na na na na.
G   |                      |                      ||
Na    na na na na na. Ooh,    I wanna kiss her now.
```

L-O-V-E

Words and Music by
Bert Kaempfert and Milt Gabler

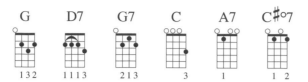

G   D7   G7   C   A7   C♯°7

132   1113   213   3   1   1 2

Verse 1

G | |**D7** | |
L is for the way you look at me.

D7 | |**G** | |
O is for the only one I see.

G7 | |**C** | |
V is very, very extra - ordinary.

A7 | |**D7** | ||
E is even more than anyone that you adore can.

Verse 2

G | |**D7** | |
Love is all that I can give to you.

D7 | |**G** | |
Love is more than just a game for two.

G7 | |
Two in love can make it.

C | |**C♯°7** | |
Take my heart and please don't break it.

G |**D7** | |**G** | ||
Love was made for me and you.

Last Nite

Words and Music by
Julian Casablancas

C5   F5   C   Dm   G   Em7   F

Intro

C5 | | | |

F5 |**C5** |**F5** |**C5** |

F5 |**C5** |**F5** |**C5**

Verse 1

||**C** |
Last night   she said,
|**Dm**
"Oh baby, I feel so down.
|**G**
Oh, it turns me off
|**Em7**   **G**
When I feel left out."
|**C** |
So I,   I turn 'round.
|**Dm**
"Oh baby, don't care no more.
|**G**
I know this for sure:
|**Em7**   **G**
I'm walking out that door."
|**C** |
Well, I've been in town for about fifteen   whole minutes now.
|**Dm**
Oh baby, I feel so down,
|**G**
And I don't know why
|**Em7**   **G**
I keep walking for miles.

Chorus 1

         ‖**F5** |**C5**
And see, people, they don't under - stand.
      |**F5** |**C5**
No, girlfriends, they can't under - stand.
       |**F5** |**C5**
Your grandsons, they won't under - stand.
      |**F5** |**C5**
On top of this, I ain't ever gonna under - stand.

Verse 2

         ‖**C** |
Last night   she said,
              |**Dm**
"Oh baby, don't feel so down.
           |**G**
Oh, it turns me off
        |**Em7**   **G**
When I feel left out."
     |**C** |
So I,   I turn 'round.
               |**Dm**
"Oh baby, gonna be alright."
          |**G**
It was a great big lie,
       |**Em7**   **G**   ‖
'Cause I left that night,   yeah.

Interlude **C5** | **|F5** **|C5** **|F5** **|C5** |

C | **|F** | **|G** |

Chorus 2
    ||F5 **|C5**
Oh, people, they don't under - stand.
    |F5 **|C5**
No, girlfriends, they don't under - stand.
    |F5 **|C5**
In spaceships they won't under - stand.
    |F5 **|C5**
And me, I ain't ever gonna under - stand.

Verse 3
    ||C |
Last night   she said,
    |Dm
"Oh baby. I feel so down.
    |G
See, it turns me off
    |Em7 **G**
When I feel left out."
    |C |
So I,   I turn 'round.
    |Dm
"Oh, little girl, I don't care no more.
    |G
I know this for sure:
    |Em7 **G** **||**
I'm walking out that door."

Outro
C5 | **|F5** **|C5** **|F5** **|C5** |
Yeah.
C5 | | **||**

Leaving on a Jet Plane

Words and Music by
John Denver

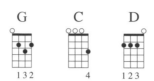

Verse 1

|**G** |**C**
All my bags are packed, I'm ready to go,

|**G** |**C**
I'm standing here out-side your door,

|**G** |**C** |**D** |
I hate to wake you up to say good-bye.

|**G** |**C**
But the dawn is breakin', it's early morn,

|**G** |**C**
The taxi's waitin', he's blowin' his horn,

|**G** |**C** |**D** |
Al-ready I'm so lonesome I could die.

Chorus

‖**G** |**C** |
So kiss me and smile for me,

G |**C** |
Tell me that you'll wait for me,

G |**C** |**D** |
Hold me like you'll never let me go.

|**G** |**C** |**G**
'Cause I'm leavin' on a jet plane,

|**C** |**G**
Don't know when I'll be back again.

|**C** |**D** | | |
Oh, babe, I hate to go.

Verse 2

```
     ‖G                    |C
There's so many times I've let you down,

  |G                 |C
So many times I've played around,

 |G              |C              |D         |
I tell you now they don't mean a thing.

    |G             |C
Every place I go I'll think of you,

    |G               |C
Every song I sing I'll sing for you,

    |G               |C           |D         |
When I come back I'll bring your wedding ring.
```

Repeat Chorus

Verse 3

```
G                    |C                |
Now the time has come to leave you,

G              |C
One more time let me kiss you,

   |G               |C          |D     |     |
Then close your eyes, I'll be on my way.

G                |C
Dream about the days to come

   |G              |C
When I won't have to leave alone,

 |G           |C            |D      |      ‖
A-bout the times I won't have to say:
```

Repeat Chorus

Outro

```
    |G   |C           |G
I'm leavin' on a jet plane,

                   |C              |G
Don't know when I'll be back again,

   |C     |        |D    |     |     |     |     |G    ‖
Oh, babe, I hate to go.
```

Lost Without U

Words and Music by
Robin Thicke and Sean Hurley

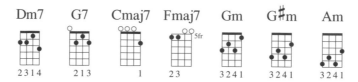

Intro

| Dm7 | |G7 | |Cmaj7 | |Fmaj7 | Gm G#m Am | |
| Dm7 | |G7 | |Cmaj7 | |Fmaj7 | |

Chorus 1

Gm G#m Am ‖Dm7
Lost with - out u.
         |G7
Can't help my - self.
     |Cmaj7
How does it feel
     |Fmaj7
2 know that I love u, baby?
   Gm G#m Am |Dm7
I'm lost with - out   u.
     |G7
Can't help my - self.
     |Cmaj7
How does it feel
     |Fmaj7   Gm G#m Am ‖
2 know that I love u, baby?

Verse 1

Dm7
      Tell me how u love me more
G7
      And how u think I'm sexy, babe,
Cmaj7
      That u don't want nobody else.
      |Fmaj7   Gm   G♯m Am
U don't want this guy, u don't want that guy.   U wanna
Dm7
      Touch yourself when u see me.
G7
      Tell me how u love my body
Cmaj7
      And how I make u feel, babe.
Fmaj7   Gm   G♯m   Am
      U wanna roll with me.   U wan - na hold   with me.
Tacet
      U wanna stay warm and get out of the cold with me.
Dm7
      I just love 2 hear u say it.
G7
      It makes a man feel good, baby.
Cmaj7 |Fmaj7
      Tell me u depend on me. I need 2 hear it.

      Gm G♯m Am‖Dm7
Chorus 2 I'm lost with - out   u.
           |G7
Can't help my - self.
          |Cmaj7
How does it feel
          |Fmaj7
2 know that I love u, baby?
     Gm G♯m Am|Dm7
I'm lost with - out   u.
          |G7
Can't help my - self.
         |Cmaj7
How does it feel
        |Fmaj7   Gm G♯m Am ‖
2 know that I love u, baby?

Verse 2

Fmaj7 |
　Baby, you're the perfect shape.

Dm7 |
　Baby, you're the perfect weight.

Am
　Treat me like my birthday.

　|Am　　　　　　　　Gm　G♯m　Am　　|
I want it this way, I want it that way. I want it.

Dm7 |
　Tell me u don't want me 2 stop.

G7 |
　Tell me it would break your heart,

Cmaj7 |
　That u love me and all my dirty.

Fmaj7　　　　　　　　　　Gm　　　　G♯m　　Am　　　|
　U wanna roll with me,　 U wan - na hold　 with me.

Dm7 |
　U wanna make fires and get Norwegian wood with me.

G7 |
　I just love 2 hear u say it.

Cmaj7　　　　　　　　　　|Tacet
　It makes a man feel good, ba　-　by.

Repeat Chorus 2

Bridge

N.C.　　　　　　　　　‖Dm7　　　　　　　|G7　　　　|Cmaj7
　　'Cause u may　　 tell me every morn - ing.　 Woo,

　|Fmaj7　　　　　Gm　G♯m
Al - right, babe.

Am |Dm7　　　　　|G7
Oh,　　 yeah.　 Oh, baby.

　|Cmaj7　　　　　|Fmaj7
Oh, darling.　　 Alright, right.

78

Repeat Chorus 2

                    ‖**Dm7** |**G7**

Bridge 2   Ooh,   yeah.   Oh, baby.

                   |**Cmaj7** |**Fmaj7**   **Gm G♯m**

        Oh, darling.   Alright, right,   babe.

        Am|**Dm7** |**G7**

        Oh, baby.   Oh, darling.

                   |**Cmaj7** |**Fmaj7**   **Gm G♯m Am** ‖

        Ooh, ooh, ooh, baby.   Alright, al - right.

Outro   **Dm7** |**G7** |**Cmaj7** |**Fmaj7**   **Gm G♯m Am** |

        Dm7 |**G7** |**Cmaj7** |**Fmaj7**   **Gm G♯m Am** |

        Dm7   ‖

Love Song

Words and Music by
Sara Bareilles

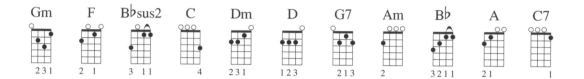

Intro

Gm   F B♭sus2 | C   Dm | C   F | D ‖

Verse 1

Gm   F   B♭sus2 |
Head un-der wa - ter,

C   Dm | C   F | D |
And they tell me to breathe eas - y for a while.

Gm   F   B♭sus2 | C   Dm | C F | D |
The breathing gets hard - er; even I   know   that.

Gm   F   B♭sus2 | C   Dm |
Made room for me.   It's too soon to see

C   F | D |
If I'm hap - py in your hands.

Gm   F   B♭sus2 | C   Dm | C F | D   ‖
I'm unu - sual - ly   hard to hold on   to.

Pre-Chorus 1

Gm |F |
Blank stares at   blank pages.

B♭sus2 |C   D |
No easy way   to say this.

Gm |F |B♭sus2 |
You mean well   but you make this hard   on me.

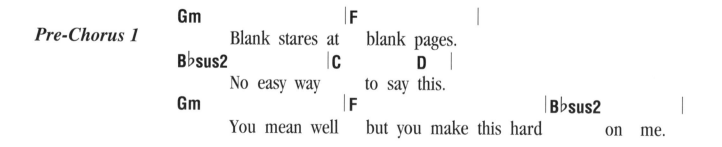

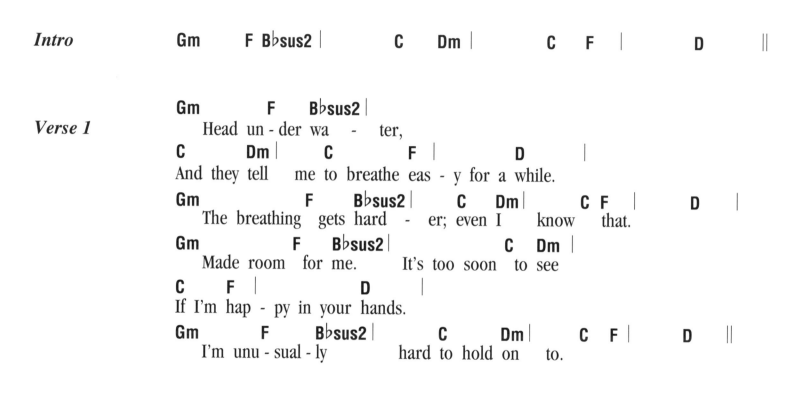

Chorus 1

Bbsus2 ‖Gm
I'm not gonna write you a love song
|C |F
'Cause you ask for it, 'cause you need one.
|Bbsus2 D |Gm
You see, I'm not gonna write you a love song
|C |F
'Cause you tell me it's make or break - in' this.
|Bbsus2 D |Gm |F
If you're on your way, I'm not gonna write you to stay.
|Dm |G7
If all you have is leavin', I'm gonna need a better reason
|Bbsus2 |C
To write you a love song
|Gm F Bbsus2| C
Today,
Dm| C F | D ‖
To - day - ay.

Verse 2

Gm F Bbsus2|
I learned the hard way
C Dm| C F | D |
That they all say things you want to hear.
Gm F Bbsus2| C Dm| C F | D |
My heavy heart sinks deep down un - der you
Gm F Bbsus2| C Dm| C
And your twisted words. Your help just hurts.
F| D |Gm F
You are not what I thought you were.
Bbsus2| C Dm| C F | D ‖
Hel - lo to high and dry.

Pre-Chorus 2

Gm |F |
Convinced me to please you.
Bbsus2 |C D |
Made me think that I need this, too.
Gm |F |Bbsus2 |
I'm tryin' to let you hear me as I am.

81

Chorus 2

B♭sus2   ‖Gm

    I'm not gonna write you a love song

          |C |F

'Cause you ask   for it, 'cause you need   one.

        |B♭sus2   D |Gm

You see,   I'm not gonna write you a love song

          |C |F

'Cause you tell me it's make or break - in' this.

        |B♭sus2   D |Gm |F

If you're on   your way, I'm not gonna write you to stay.

 |Dm |G7

If all you have is leavin', I'm gonna need a better reason

    |B♭ |C   ‖

To write   you a love song today.

Bridge

Dm |Am |

  Promise   me

B♭ |F   C |

  You'll leave the light on

Dm |Am |

  To help me see

B♭ |F   C |

  The daylight. My guide, come on.

Dm |A |

  'Cause I believe   there's a way

B♭ |C |

  You can love me, because I say

        C   ‖**Gm**
     I won't write you a love   song

                |**C7** |**F**
'Cause you ask   for it, 'cause you need   one.

        |**B♭sus2**   **D** |**Gm**
You see,   I'm not gonna write you a love song

               |**C7** |**F**
'Cause you tell   me it's make or break - in' this.

   |**B♭sus2**   **D**|**Gm**
Is that why you wanted a love song,

               |**C** |**F**
'Cause you ask   for it, 'cause you need   one?

        |**B♭sus2**   **D** |**Gm**
You see,   I'm not gonna write you a love song

              |**C** |**F**
'Cause you tell   me it's make or break - in' this.

        |**B♭sus2**   **D** |**Gm** |**F**
If you're on   your way, I'm not gonna write you to stay.

      |**B♭** |**C**
If your heart is nowhere in it, I don't want it for a minute.

      |**Dm** |**G7**
Babe, I walk the seven seas when I be - lieve that there's a reason

  |**B♭** |
To write you

     |**C** |**Gm**   **F B♭sus2**| **C**
A love   song   today,

   Dm| **C F**| **D** |
To - day.

Gm   **F B♭sus2**| **C**   **Dm**| **C** |**F**   ‖

Lucky

Words and Music by
Jason Mraz, Colbie Caillat and Timothy Fagan

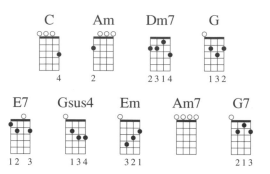

Intro   C |

Verse 1
     ‖C |Am
Do you hear me talking to you?
      |Dm7 |G |E7
Across the water, across the deep blue ocean,
      |Am
Under the open sky.
      |Dm7 |G
Oh, my, baby, I'm try - ing.

Verse 2
     ‖C |Am
Boy, I hear you in my dreams.
      |Dm7 |G
I feel your whisper across the sea.
      |E7 |Am
I keep you with me in my heart.
      |Dm7 |G   E7   ‖
You make it easier when life gets hard.

Chorus 1

Am |Dm7 |G
      Lucky I'm in   love with my best friend,

            |C |Am
Lucky to have   been where I have been.

          |Dm7 |Gsus4 |G
Lucky to be coming home a   -   gain.

C |Am |Em |G
Oo,   oo.

Bridge

Dm7 |Am7 |G
They don't know how long it takes,

           |Dm7 |
Waiting for a love like this.

Dm7 |Am7 |
Every time we say goodbye,

G |Dm7
   I wish we had one more kiss.

   |Dm7 |Am7 |G   Am7 |G7
I'll wait for you, I promise you I will.   I'm

Chorus 2

Am7 |Dm7 |G7
      Lucky I'm in   love with my best friend,

            |C |Am7
Lucky to have   been where I have been.

          |Dm7 |Gsus4 |G
Lucky to be coming home a   -   gain.

Am7 |Dm7 |G7
      Lucky we're in   love in every way,

          |C |Am7
Lucky to have   stayed where we have stayed.

          |Dm7 |Gsus4 |G
Lucky to be coming home some   -   day.

Verse 3

```
           ‖C                      |Am
And  so  I'm  sailing  through  the      sea
      |Dm7                 |G
To  an  island  where  we'll  meet.
               |E7              |Am
You'll  hear  the  music  fill  the  air.
          |Dm7  |G
I'll  put  a  flower  in  your  hair.
```

Verse 4

```
           ‖C                      |Am
Though  the  breezes  through  the  trees
      |Dm7                 |G
Move  so  pretty,  you're  all  I  see.
      |E7                      |Am
As  the  world  keeps  spinning  'round,
      |Dm7            |G          E7          ‖
You  hold  me  right  here,  right  now.
```

Repeat Chorus 2

Outro

```
      C          |Am       |Em         |G          |
      Oo,                  oo.
      C          |Am       |Em        |G        |C        ‖
      Oo,                  oo.
```

Me and Julio Down by the Schoolyard

Words and Music by
Paul Simon

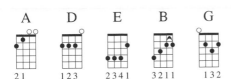

Intro   A D A| E |A D A| E

Verse 1

||A |
The mama pajama rolled   out of bed
       |A |D |
And she ran to the police sta - tion.
          |E |
When the papa found out, he be - gan to shout,
       |E |A |
And he started the investiga - tion.

Bridge

A **Tacet** ||E |
    It's against the law;
                    |A |
It was against the law.
                       |E |
What the mama saw,
              |A |
It was against the law.

Verse 2

```
      ‖A                        |
The mama looked down and spit on the ground
    |A                    |D              |
Every time my name gets men - tioned,
    |E                |
The papa said, "Oy, if I get that boy,
        |E                      |A              |
I'm gonna stick him in the house of deten - tion"
```

Chorus

```
A Tacet          ‖D          |
   Well, I'm on my way;
              |A            |
I don't know where I'm goin'.
         |D          |
I'm on my way;
                |A      B            |E
I'm taking my time  but I don't know where.
            |D      |      G        |A          |
Goodbye to Ro - sie, the Queen of Coro - na.
        |A    G  |D          E        |A   D   A|    E
See you, me and Julio down by the schoolyard.
        |A    G  |D          E        |A   D   A|    E
See you, me and Julio down by the schoolyard.
```

Verse 3

```
      ‖A                        |
In a couple of days they come and take me away,
        |A                    |D          |
But the press let the story leak.
                |C                |
And when the radical priest come to get me released,
        |E              |A          |
We's all on the cover of News - week.
```

Repeat Chorus

|A   G |D   E |A   D A| E ||

See you, me and Julio down by the schoolyard.

Outro   A   D   A| E |A   D   A| E |

             A   D   A| E |A   D   A| E |A ||

Moon River

(from the Paramount Picture BREAKFAST AT TIFFANY'S)

Words by Johnny Mercer
Music by Henry Mancini

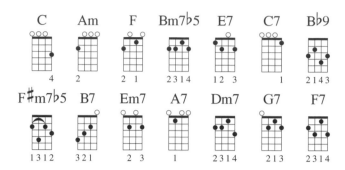

Verse 1

C |Am |F |C
Moon River, wider than a mile,
   |F |C |Bm7♭5 |E7
I'm crossin' you in style some day.
  |Am |C7 |F |B♭9
Old dream maker, you heart breaker,
  |Am |F♯m7♭5 B7
Wher - ever you're goin',
  |Em7 A7 |Dm7 G7 ||
I'm goin'   your way.

Verse 2

C |Am |F |C
Two drifters off to see the world.
  |F |C |Bm7♭5 |E7
There's such a lot of world to see.
  |Am |C |F♯m7♭5| F7 |C |
We're af - ter the same   rainbow's end,
F |C |
  Waitin' 'round the bend,
F |C |
  My huckleberry friend,
Am |Dm7 G7 | |C | ||
Moon Riv - er   and me.

New Soul

Words and Music by
Yael Naim and David Donatien

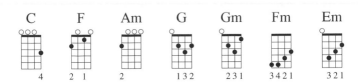

C   F   Am   G   Gm   Fm   Em

Intro   C |F |Am   G |C

Verse 1

‖C |F
I'm a new soul; I came to this strange world
       |Am   G |C
Hoping I could learn a bit 'bout how to give and take.
      |C |F
But since I came here, felt the joy and the fear,
      |Am   G |C
Finding myself making every possible mis - take.

Chorus 1

‖C |F
La, la, la, la, la, la, la, la, la, la,
      |Am   G |C
La, la, la, la, la, la, la, la, la, la, la.
    |C |F
La, la, la, la, la, la, la, la, la, la,
      |Am   G |C
La, la, la, la, la, la, la, la, la, la, la.

Verse 2

         ‖C |F
See, I'm a young soul in this very strange world,

              |Am   G |C
Hoping I could learn a bit 'bout what is true and fake.

          |C |F
But why all this hate? Try to commu - nicate,

             |Am   G |C
Finding trust and love is not al - ways easy to make.

Repeat Chorus 1

Interlude

         ‖C |F |Am G |C |
Ooh.

         C |F |Am G |C   ‖

Bridge

Gm |C |
This is a happy end,

F |Fm |
'Cause you don't understand

Gm |C
Everything you have done.

  |F |Fm |
Now why's everything so wrong?

Gm |C |
This is a happy end. Come and give me your hand.

F |Fm
I'll take you far away.

Verse 3

```
       ‖C                          |F
I'm a new soul; I came to this strange world
               |Em                           |G
Hoping I could learn a bit 'bout how to give and take.
               |C                  |F
But since I came here, felt the joy and the fear,
               |Am        G          |C
Finding myself making every possible mis - take.
```

Chorus 2

```
       ‖C                          |F
La, la, la, la, la, la, la, la, la, la,
               |Am      G            |C
La, la, la, la, la, la, la, la, la, la, la.
       |C                  |F
La, la, la, la, la, la, la, la, la, la,
               |Em                    |G
La, la, la, la, la, la, la, la, la, la, la.
       |C                  |F
La, la, la, la, la, la, la, la, la, la,
               |Em                    |G
La, la, la, la, la, la, la, la, la, la, la.
       |C                  |F
La, la, la, la, la, la, la, la, la, la,
               |Em                    |G        ‖
La, la, la, la, la, la, la, la, la, la, la.
```

Outro

```
       C        |F        |Em      |G          |
Ah,                        ah.
       C        |F        |Em        |G          ‖
Ah,                        ah.
```

No Such Thing

Words by John Mayer
Music by John Mayer and Clay Cook

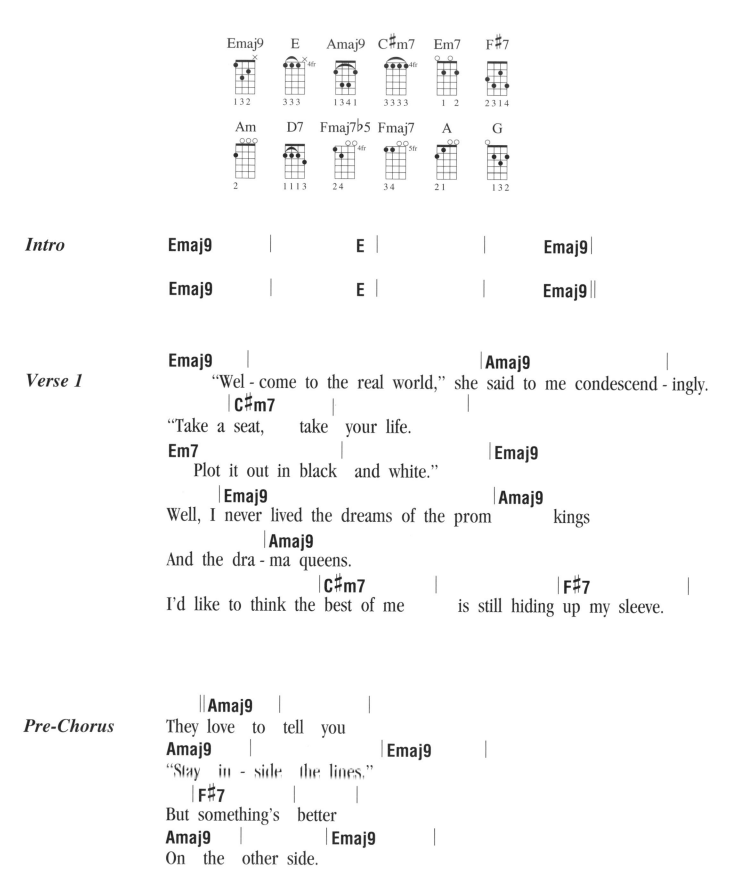

Intro

| Emaj9 | | E | | | Emaj9 |

| Emaj9 | | E | | | Emaj9 ||

Verse 1

    Emaj9 | |Amaj9 |
"Wel - come to the real world," she said to me condescend - ingly.
          |C#m7 | |
"Take a seat,   take your life.
Em7 | |Emaj9 |
    Plot it out in black   and white."
     |Emaj9 |Amaj9
Well, I never lived the dreams of the prom   kings
           |Amaj9
And the dra - ma queens.
           |C#m7 | |F#7 |
I'd like to think the best of me   is still hiding up my sleeve.

Pre-Chorus

      ||Amaj9 | |
They love to tell you
Amaj9 | |Emaj9 |
"Stay in - side the lines,"
   |F#7 | |
But something's better
Amaj9 | |Emaj9 |
On the other side.

Chorus 1

|| Am   D7   Emaj9 |

I wanna run through the halls of my high school.

      | Am   D7   Emaj9 |

I wanna scream at the top of my lungs.

      | Am   D7   Emaj9 |

I just found out there's no such thing as the real world,

     | Am   D7 Emaj9 | ||

Just a lie you've got to rise a - bove.

Verse 2

Emaj9 | | Amaj9 |

   So the good boys and girls take the so-called right track,

Amaj9 | C#m7 |

Faded white hats, grabbing cred - its and maybe trans - fers.

    | Em7 | |

They read all the books but they can't find the answers.

Emaj9 | | Amaj9

   And all of our par - ents, they're getting old - er.

      | Amaj9 | C#m7

I wonder if they've wished for anything better,

     | C#m7 | F#7 |

While in their memorys, tiny tragedies.

Repeat Pre-Chorus

Repeat Chorus 1

Bridge   Fmaj7♭5   Fmaj7 | Fmaj7♭5 | A   Fmaj7♭5 |

      | A   Fmaj7♭5 |

I am invin - cible.

      | A   Fmaj7♭5 |

I am invin - cible.

      | A | G | ||

I am invin - cible as long as I'm alive.

Interlude   **Amaj9** | | | |

          Emaj9 | |**F♯7** | |**A** |

Repeat Chorus 1

Chorus 2

        ‖**Am**   **D7** **Emaj9**|
I just can't wait till my ten - year re - un - ion.
         |**Am**   **D7**   **Emaj9**|
I'm gonna bust down the double doors.
         |**Am**   **D7** **Emaj9**|
And when I stand on these tables be - fore you,
        |**Am**   **D7** |**Emaj9** | | | |
You will know what all this time was   for.
Emaj9 | | | ‖

Realize

Words and Music by
Colbie Caillat, Jason Reeves and Mikal Blue

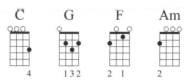

Verse 1

C
Take time to realize

G
That your warmth is

F   Am |G
Crashing down   on in.

C
Take time to realize

G
That I am on your side.

F   Am |G
Didn't I, didn't I tell you?

Pre-Chorus

F   Am
But I can't spell it out for you.

G
No, it's never gonna be that simple.

F   Am |G
No, I can't spell it out for you.

Chorus 1

‖C   G
If you just realize what I just realized,
      |Am   F
Then we'd be perfect for each other and we'll never find another.
   |C   G
Just realize what I just realized.
    |Am   F |
We'd never have to wonder if we missed out on each other now.
C   G |Am   F   ‖

Verse 2

C |
  Take time to realize,
G |
  Oh, oh, I'm on your side.
F   Am |G |
  Didn't I, didn't I tell you?
C |
  Take time to realize
G |F   Am
  This all can pass you by.
            |G   ‖
Didn't I tell you?

Repeat Pre-Chorus

Chorus 2

‖C   G
If you just realize what I just realized,
      |Am   F
Then we'd be perfect for each other and we'll never find another.
   |C   G
Just realize what I just realized.
    |Am   F   ‖
We'd never have to wonder if we missed out on each other but…

Bridge

Am   G |
  It's not the same,
F   G
  No, it's never the same
|Am G   C |F |
If you don't feel it too.
Am   G |
  If you meet me halfway,
F   G
  If you would meet me half - way,
    |Am G   C |F
It could be the same for you.

Chorus 3

        ||C   G
If you just realize what I just realized,
      |Am   F
Then we'd be perfect for each other and we'll never find another.
 |C   G
Just realize what I just realized.
   |Am   F
We'd never have to wonder.
 |C   G |Am   F
Just realize what I just realized.
   |C   G |Am   F
If you just realize what I just realized…

Outro

    |C   G |Am
Oo,   oo.
F |C
Missed out on each other now,
 G |Am   F |
We missed out on each other now,   ow, ow, yeah.
C   G |Am   F |C   G
  Real - ize, real - ize, real - ize, real - ize,
    |Am F |C   G |F Am |G ||
Oo, oo.

The Remedy
(I Won't Worry)

Words and Music by
Graham Edwards, Scott Spock, Lauren Christy and Jason Mraz

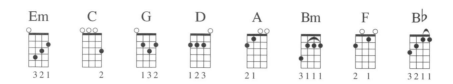

Em   C   G   D   A   Bm   F   B♭

Intro

Em   C |G   D |G   C |G   D |

Em   C |G   D |G   C |G   D

Verse 1

‖Em   A
Well, I saw fire - works from the freeway,

|D   G
And behind   closed eyes I can - not make them go away

|Em   A
'Cause you were born on the Fourth of Ju - ly, freedom ring.

|D   G
Well, something on the surface, it   stings.

|Em   A
I said some - thing on the surface, well, it kind of makes me nervous.

|D   G
Who says   that you deserve this, and what kind of God would serve this?

|Em   A
We will cure this dirty old disease,

|D   N.C.
Well, if you've gots the poison, I've gots the remedy.

Pre-Chorus

```
 ||Em              A                    |D           G
The remedy is the experience; this is a dangerous li - aison.
                 |Em        A
I says, the comedy is that it's serious.
                 |D             G
This is a strange enough new play on words.
                 |Em                    A
I say, the tragedy is how you're gon - na spend
                 |D               G
The rest    of your nights with the light on.
                   |Em              A
So shine the light on all of your   friends,
                 |D  N.C.                        ||
When it all amounts to nothing in the end.
```

Chorus

```
    G      C       |
   I,
   D                      |Em     Bm   |C     D      |
    I won't worry my life    away.   Hey.   Oh, oh.
   G      C       |
   I,
   D                      |Em     Bm   |C     D      ||
    I won't worry my life    away.   Hey.   Oh, oh.
```

Interlude

```
   Em   C   |G    D   |G    C   |G    D  N.C.
```

Verse 2

        ‖**Em**   **A**
Well, I heard two men talking on the radio

      |**D**   **G**
In a cross - fire kind of new reality show.

    |**Em**   **A**
Un - covering the ways to plan the next big attack.

       |**D**   **G**
Well, they were counting down the ways to stab the brother in the…

       |**Em**   **A**
Be right back after this, the un - avoidable kiss,

      |**D**   **G** |**Em**
Where the minty fresh death breath is sure to outlast this ca - tastrophe.

     A
Dance with me,

     |**D**   **N.C.**
'Cause if you've gots the poison, I've gots the remedy.

Repeat Pre-Chorus

Repeat Chorus

Bridge

Em |**C** |
 When I fall in love, I take my time.

G |**D** |
 There's no need to hur - ry when I'm making up my mind.

Em |**C** |
 You can turn off the sun, but I'm still gonna shine,

G |**D**
 And I'll tell you why.

Pre-Chorus 2

‖G   C |F   B♭

Because the remedy is the experience, this is a dangerous li - aison.

     |G   C

I says, the comedy is that it's serious.

     |F   B♭

This is a strange enough new play on words.

     |G   C

I say, the tragedy is how you're gon - na spend

     |F   B♭

The rest   of your nights with the light on.

     |G   C

So shine the light on all of your   friends,

     |F N.C.   ‖

When it all amounts to nothing in the end.

Repeat Chorus

Outro-Chorus

G   C |

I

D |Em   Bm |C   D |

  I won't worry my life   away,   no.

G   C |

I

D |Em   Bm |C   D |G   ‖

  I won't worry my life   away. Hey. Oh, oh.

Rock & Roll

Words and Music by
Eric Hutchinson

Bb   D7   Eb   C7   Dm   Cm   F   Ab   C#m

Intro

| Bb | D7 | Eb | C7 | |

| Bb | D7 | Eb | C7 | ||

Verse 1

Bb   D7
He's been waiting around for the weekend,
                          Eb
Figuring which club to sneak in;
                |C7 |Bb
Fancy drinks   and fifty dollar cover charge.
                          |D7
Lately it's been a big hassle;
                          |Eb
Heineken and New - castle
                |C7 |
To make sure   he's fitting in and living large.
Dm   Cm |Eb   F |
    Disregard   the lies that he will tell and what he's probaly like 'cause
Dm   Cm |Eb   F ||
It's not hard;   his charm   is gonna get him through the night.

Chorus 1

      E♭   B♭ |
If he wants to rock, he rocks.

  F   B♭ |
If he wants to roll, he rolls.

  E♭   B♭
He can roll with the punches,

   |F   B♭
Long as he feels like he's in control.

   |E♭   B♭ |
And   if he wants to stay, he stays.

  F   B♭ |
If he wants go, he goes.

  E♭   B♭ |
He doesn't care how he gets there,

  F   B♭
Long as he gets some - where he knows.

  |E♭   B♭ |F   B♭ |
Oh,   no. Na na na   na na na na na na na na na.

  E♭   B♭ |F   B♭ ||
Na na na   na na na na na na na na na.

Verse 2

  B♭ |D7
See her heavy make-up and cut T-shirt.

                |E♭
Every girl out wants to be her.

      |C7 |B♭
But they look   the same already; why adjust?

            |D7
Reading the magazine secrets,

            |E♭
Forgetting the topical regrets,

          |C7 |Dm
'Cause if she comes   home all alone the night's a bust.

         Cm |E♭   F
It's a must,   the swivel in her hips and the look she gives.

  |Dm   Cm |E♭   F ||
It's   all her trust   if on - ly in the morning she knew where she lived.

Chorus 2

    Eb   Bb |
If she wants to rock, she rocks.

    F   Bb |
If she wants to roll, she rolls.

    Eb   Bb
She can roll   with the punches,

     |F   Bb
Long   as she feels like she's   in control.

     |Eb   Bb |
And   if she wants to stay, she stays.

    F   Bb |
  If she wants go, she goes.

    Eb   Bb |
She doesn't care   how she gets there,

    F   Bb
Long as she gets some - where she knows.

     |Eb   Bb |F   Bb |
Oh,   no. Na na na   na na na na na na na na na.

    Eb   Bb |F   Bb ||
  Na na na   na na na na na na na na na.

Bridge

    Cm   Ab |
And in a wink they're on the brink,

    Bb   Eb   Bb
From drink to drink and at the bar,

        |Cm   Ab
With cash to blow. From shot to shot,   it's getting hot.

     |Bb   Eb   Bb |
Ad - vance the plot to see how far it's gonna go.

    Cm   Ab |Bb
All depends, so ditch the friends and grab a cab;

        Eb   Bb |
Another chance   at cheap romance.

    Cm   Ab |Bb
Doesn't count 'cause the room is spinning.

         Dm   C#m |Cm
Nothing to lose;   tonight they both are winning.

     |Eb   F ||
And they fall in love as they fall in bed. They sing…

Chorus 3

E♭   B♭ |
  If they want to rock, they rock.

F   B♭ |
  If they want to roll, they roll.

E♭   B♭
  They can roll   with the punches,

  |F   B♭
Long as they feel like they're in control.

  |E♭   B♭ |
And   if they want to stay, they stay.

F   B♭ |
  If they want go, they go.

E♭   B♭ |
  They don't care how they get there,

F   B♭
Long as they get some - where they know.

  |E♭   B♭ |F   B♭ |
Oh,   no. Na na na   na na na na na na na na na.

E♭   B♭ |F   B♭ |
  Na na na na na na na na na na na na.

E♭   B♭ |F   B♭ |
  Na na na na na na na na na na na na.

E♭   B♭ |F   B♭ ||
  Na na na na na na na na na na na na.

Take Me Home, Country Roads

Words and Music by
John Denver, Bill Danoff and Taffy Nivert

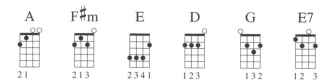

Verse 1

A | |**F♯m** | |**E**
Almost heaven,   West Virgin-ia,

|**E** |**D** |**A** | |
Blue Ridge Mountains, Shenandoah River.

A | |**F♯m** | |
Life is old there, older than the trees,

E | |**D** |**A**
Younger than the mountains, growin' like a breeze.

Chorus

‖**A** | |**E** |
Country roads, take me home

|**F♯m**| |**D** |
To the place I be-long:

|**A** | |**E** |
West Vir-ginia, mountain momma,

|**D** | |**A** | ‖
Take me home, country roads.

Verse 2

      A | | **|F♯m** | | **|E**
All my memories   gather 'round her,

      |E **|D** **|A** | | |
Miner's lady, stranger to blue water.

      A | **|F♯m** | |
Dark and dusty, painted on the sky,

E | **|D** **|A**
Misty taste of moonshine, teardrop in my eye.

Repeat Chorus

Interlude

      F♯m **|E** **| A** |
I hear her voice, in the mornin' hour she calls me,

 |D **|A** **|E** |
The radio re-minds me of my home far a-way,

  |F♯m **|G** **|D**
And drivin' down the road I get a feelin'

   |A **|E** | **|E7** |
That I should have been home yesterday, yester-day.

Outro-Chorus

     ‖A | **|E** |
Country roads, take me home

     |F♯m | **|D** |
To the place I be-long:

     |A | **|E** |
West Vir-ginia, mountain momma,

    |D | **|A** |
Take me home, country roads.

    |E | **|A** |
Take me home, country roads,

    |E | **|A** | ‖
Take me home, country roads.

Tears in Heaven

Words and Music by
Eric Clapton and Will Jennings

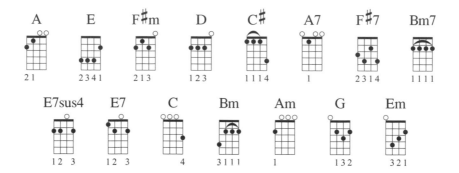

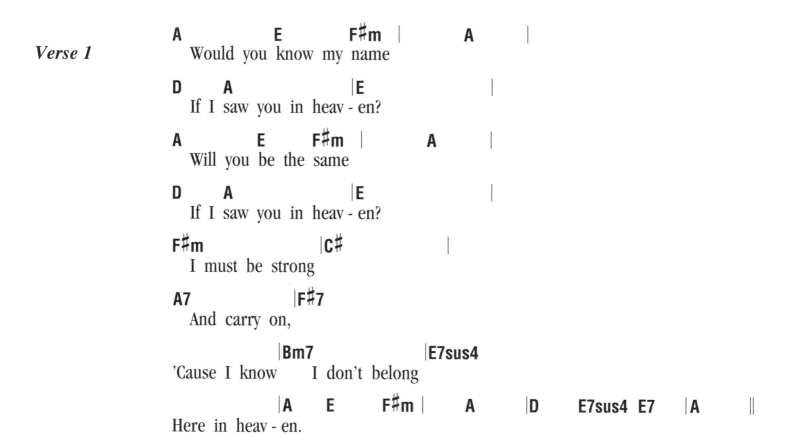

Verse 1

A   E   F♯m | A |
Would you know my name

D   A |E |
If I saw you in heav - en?

A   E   F♯m | A |
Will you be the same

D   A |E |
If I saw you in heav - en?

F♯m |C♯ |
I must be strong

A7 |F♯7
And carry on,

    |Bm7 |E7sus4
'Cause I know   I don't belong

   |A E F♯m| A |D E7sus4 E7 |A ||
Here in heav - en.

Verse 2

```
     A        E      F#m  |      A       |
     Would  you  hold  my  hand

     D     A          |E              |
     If  I  saw  you  in  heav - en?

     A        E      F#m  |    A       |
     Would  you  help  me  stand

     D      A          |E              |
     If  I  saw  you  in  heav - en?

     F#m              |C#            |
     I'll  find  my  way

     A7                        |F#7
     Through  night  and  day,

               |Bm7              |E7sus4
     'Cause  I  know      I  just  can't  stay

               |A    E      F#m |   A        |D      E7sus4  E7   |A         ||
     Here  in  heav - en.
```

Bridge

```
     C        Bm         |Am
     Time  can  bring  you  down,

               D              |G      D    |Em    D       G     |
     Time  can  bend  your  knee.

     C        Bm         |Am
     Time  can  break  your  heart,

               D          |G      D
     Have  you  begging  please,

                    |E              ||
     Begging  please.
```

Verse 3   A   E   F♯m| A |D   A |E |

                A   E   F♯m| A |D   A |E |

F♯m |C♯ |
Beyond the door,

A7 |F♯7
There's peace I'm sure.

        |Bm7 |E7sus4
And I know   there'll be no more

          |A   E   F♯m| A |D   E7sus4 E7 |A   ‖
Tears in heav - en.

Repeat Verse 1

Three Little Birds

Words and Music by
Bob Marley

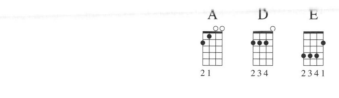

A   D   E

Intro   A | | |

Chorus

‖A |
Don't worry about a thing,

|D |A
'Cause every little thing gonna be all right.

|A |
Singin', "Don't worry about a thing,

|D |A
'Cause every little thing gonna be all right."

Verse

‖A |E
Rise up this morning, smiled with the rising sun.

|A |D
Three little birds   pitch by my doorstep,

|A |E
Singin' sweet   songs of melodies pure and true,

|D |A |
Sayin', "This is my message to you-ou-ou."   Singin',

Repeat Chorus

Repeat Verse

Repeat Chorus (2x)

Ticket to Ride

Words and Music by
John Lennon and Paul McCartney

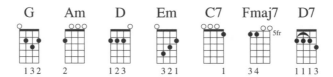

Verse 1

‖**G** |
I think I'm gonna be sad;
                          |**G** |
I think it's today,   yeah.
     |**G** |
The girl that's driving me mad
                    |**Am** |**D**   ‖
Is going away.

Chorus

Em |**C7** |
She's got a ticket to ride,
Em |**Fmaj7** |
She's got a ticket to ri - hi-hide,
Em |**D**
She's got a ticket to ride,
                    |**G** |
But she don't care!

Verse 2

‖**G** |
She said that living with me
                          |**G** |
Was bringing her down,   yeah,
     |**G** |
For she would never be free
                    |**Am** |**D**   ‖
When I was around.

Repeat Chorus

Bridge

```
        ‖C7                              |
```
I don't know why she's ridin' so high.
```
          |C7                              |D7
```
She ought to think twice, she ought to do right by me.
```
          |C7                         |
```
Be - fore she gets to sayin' goodbye,
```
          |C7                              |D7          |
```
She ought to think twice, she ought to do right by me.

Repeat Verse 1

Repeat Chorus

Repeat Bridge

Repeat Verse 2

Repeat Chorus

Outro

```
           ‖G          |
```
My baby don't care.
```
           |G          |
```
My baby don't care.
```
           |G            |
```
My baby don't care.
```
           |G          |           ‖
```
My baby don't care.

Wouldn't It Be Nice

Words and Music by
Brian Wilson, Tony Asher and Mike Love

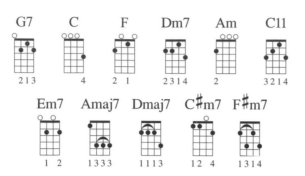

Verse 1

G7   ‖**C** |
Wouldn't it be nice if we were old - er,
                    |**F** |**Dm7**
Then we wouldn't have to wait so long.
      G7 |**C** |
And wouldn't it be nice to live togeth - er
                |**F** |**Dm7** **G7** |
In the kind of world where we be - long.
Am |**C11** |
      Though it's gonna make it that much better
Am |**Em7** |**Dm7** |**G7**
      When we can say goodnight and stay togeth - er.

Verse 2

              ‖**C** |
Wouldn't it be nice if we could wake   up
                  |**F** |**Dm7**
In the morning when the day is new
      G7 |**C** |
And after having spent the day togeth - er,
                  |**F** |**Dm7** **G7** |
Hold each other close the whole night through.
Am |**C11** |
      The happy times together we'd been spending,
Am |**Em7** |**Dm7** |**G7**
      I wish that every kiss was never-end - ing.
                      |**C** | ‖
Oh, wouldn't it be nice.

Bridge

```
Amaj7                          |Dmaj7
       Well, maybe if we think and wish and hope and pray
  |C♯m7              |F♯m7          |
It might come true.
Amaj7                    |Dmaj7
       Baby, then there wouldn't be a single thing
  |C♯m7            |F♯m7
We couldn't do.
                    |C♯m7           |F♯m7
We could be mar  -  ried
                          |C♯m7          |G7
And then we'd be hap  -  py.
                    |C      |        |        |        |        |        ||
Oh, wouldn't it be  nice.
```

Verse 3

```
Am                                  |C11          |
       You know it seems the more we talk about it,
Am                            |Em7      |Dm7
       It only makes it worse to live without      it,
       |Em7     |Dm7      |G7
But let's talk about      it.
                    |C      |        |        |        ||
Oh, wouldn't it be  nice.
```

Outro

```
C              |        |
   Good night,  my baby.
C              |        |
   Sleep tight,  my baby.
C              |        |
   Good night,  my baby.
C              |        ||
   Sleep tight,  my baby.
```

You and I

Words and Music by
Ingrid Michaelson

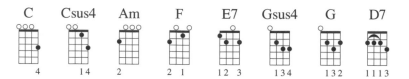

| C | Csus4 | Am | F | E7 | Gsus4 | G | D7 |

Intro

C | | | ||

Verse 1

C | |
Don't you worry; there,   my honey.
Csus4 | |
We might not have any money,
Am | |**F** |
But we've got our love to pay the bills.
|**C** |
May - be I think you're cute and funny;
|**Csus4** | |**Am**
May - be I wanna do   what bunnies do   with you,
|**Am** |**F** |
If you   know what I mean.

Chorus

```
 ‖C                        |E7                          |
   Oh, let's get rich and buy    our parents homes
 F                        |C
     In the south of France.
         |C                     |E7
   Lets get rich and give every - body nice sweaters
           |F                        |Gsus4    G
   And teach   them how to dance.
              |C                     |E7
   Let's get rich    and build a house    on a mountain,
     |F                     |D7
   Making everybody look like ants
                       |C          |F  G      C|          |
   From way up there,  you and I,     you and I.
```

Verse 2

```
       ‖C                 |
   Well, you  might be a bit confused,
          |Csus4                |
   And you        might be a lit - tle bit bruised,
     |Am               |                   |F          |
   But baby, how we spoon    like no one else.
       |C                |
   So I   will help you read    those books,
    |Csus4               |
   If you will soothe my worried looks,
      |Am               |                   |F       |
   And we will put the lone - some on the shelf.
```

Repeat Chorus (2x)

Your Body Is a Wonderland

Words and Music by
John Mayer

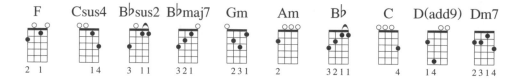

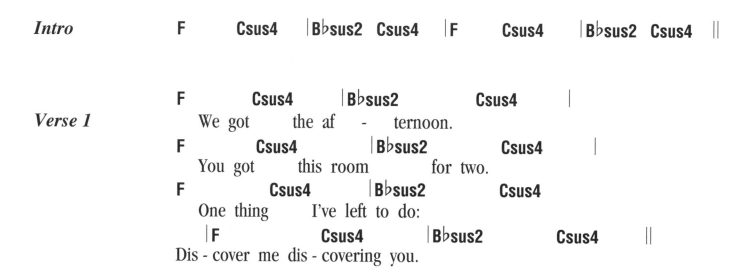

Intro   F   Csus4 |B♭sus2 Csus4 |F   Csus4 |B♭sus2 Csus4 ||

                F   Csus4 |B♭sus2   Csus4 |

Verse 1   We got   the af - ternoon.

                F   Csus4 |B♭sus2   Csus4 |

                You got   this room   for two.

                F   Csus4 |B♭sus2   Csus4

                One thing   I've left to do:

                  |F   Csus4 |B♭sus2   Csus4 ||

            Dis - cover me dis - covering you.

                F   Csus4 |B♭sus2   Csus4 |

Verse 2   One mile   to ev - 'ry inch   of

                F   Csus4 |B♭sus2   Csus4 |

                Your skin,   like por - celain.

                F   Csus4 |B♭sus2   Csus4 |

                One pair   of can - dy lips   and

                  |F   Csus4 |B♭sus2   Csus4

            Your bubblegum tongue.

Pre-Chorus 1

‖B♭maj7
And if you want   love,

|Csus4
We'll make   it.

|B♭maj7
Swimming a deep   sea

|Csus4
Of blan - kets.

|B♭maj7
Take all your big   plans

|Csus4
And break   'em.

|Gm   Am |B♭
This is bound   to be awhile.

Chorus 1

    C   ‖F   Csus4 |B♭sus2
Your body is a won - derland.

    Csus4 |F   Csus4 |B♭sus2
Your body is a won - der. I'll use   my hands.

    Csus4 |F   Csus4 |B♭sus2   Csus4 ‖
Your body is a won - derland.

Verse 3

    F   Csus4 |B♭sus2   Csus4 |
    Something 'bout the way the hair   falls in your face.

    F   Csus4 |B♭sus2   Csus4 |
    I love the shape you take when crawl - ing towards the pillowcase.

    F   Csus4 |B♭sus2   Csus4
    You tell me where to go and   though I might leave   to find it,

    |F   Csus4 |B♭sus2   Csus4   ‖
I'll never let your head hit the bed   without my hand   behind it.

Pre-Chorus 2

B♭maj7
You want love?

|Csus4

We'll make it.

|B♭maj7

Swimming a deep sea

|Csus4

Of blan - kets.

|B♭maj7

Take all your big plans

|Csus4

And break 'em.

|Gm   Am |B♭

This is bound to be awhile.

Repeat Chorus 1

Bridge

Dm(add9) | | |

Damn, baby.

Dm(add9) |

You frustrate me.

|Dm(add9) |

I know you're mine, all mine, all mine,

|Dm(add9) ||

But you look so good, it hurts sometimes.

Interlude

Dm(add9) | | | |

Dm(add9) | | | |

Dm7 | | |

```
                                    ‖ F        Csus4   | B♭sus2
Chorus 2        Your  body  is  a  won - derland.
                        Csus4          | F            Csus4          | B♭sus2
                Your  body  is  a  won - der.  I'll  use        my  hands.
                        Csus4          | F        Csus4   | B♭sus2
                Your  body  is  a  won - derland.
                        Csus4          | F        Csus4   | B♭sus2  Csus4      ‖
                Your  body  is  a  won - derland.



                F              Csus4                    |
Outro               Da  da  da,   da  da  da  da  da,
                B♭sus2         Csus4             |
                    Da  da  da,   da  da  da  da.
                F              Csus4                    |
                    Da  da  da,   da  da  da  da  da,
                B♭sus2         Csus4             |
                    Da  da  da,   da  da  da  da.
                F              Csus4                    |
                    Da  da  da,   da  da  da  da  da,
                B♭sus2         Csus4             |
                    Da  da  da,   da  da  da  da.
                F              Csus4                    |
                    Da  da  da,   da  da  da  da  da,
                B♭sus2         Csus4             | F            ‖
                    Da  da  da,   da  da  da  da.
```

The Way I Am

Words and Music by
Ingrid Michaelson

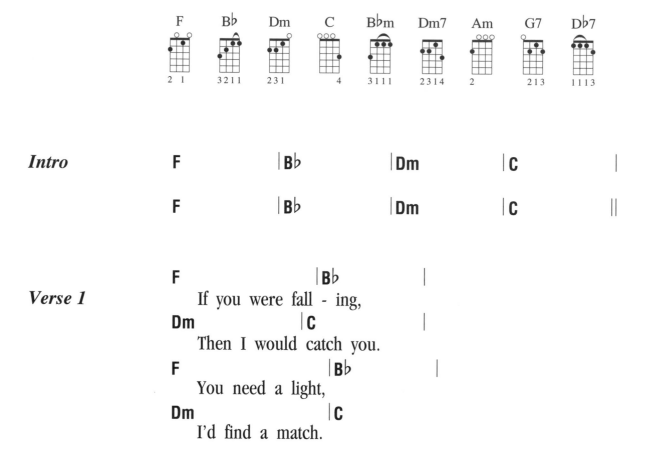

Intro

F |B♭ |Dm |C |

F |B♭ |Dm |C ||

Verse 1

F |B♭ |
If you were fall - ing,
Dm |C |
Then I would catch you.
F |B♭ |
You need a light,
Dm |C
I'd find a match.

Chorus 1

||B♭ |C |
'Cause I   love
      |F |Dm
The way you say good morn - ing.
  |B♭ |
And you
B♭m   C |F | ||
Take me the way I am.

Verse 2

```
        F                |Bb          |
           If you are chill - y,
Dm7              |C           |
   Here, take my sweater.
F                    |Bb          |
   Your head is ach - ing,
Dm7          |C
   I'll make it better.
```

Chorus 2

```
        ‖Bb        |C
'Cause I          love
         |F              |Dm
The way  you call me "ba - by."
   |Bb            |
And you
Bbm                  |F       |       |       |       ‖
Take me the way I am.
```

Verse 3

```
F                    |Bb            |
   I'd buy you Ro - gaine
Dm7              |C               |
   When you start losing all your hair.
F                |Bb            |
   Sew on patch - es
Dm7                  |C
   To all you tear.
```

Chorus 3

‖ **B♭**   **|C**
'Cause I   love you more

 |F   **|Dm**
Than I could ever prom - ise.

 |B♭   **|**
And you

B♭m   **|Dm**   **|Am**   **|**
Take me the way I am.

B♭   **|**
You

B♭m   **|Dm**   **|G7**   **|**
Take me the way I am.

B♭   **|**
You

D♭7   **C** **|F**   ‖
Take me the way I am.

great songs series

This legendary series has delighted players and performers for generations.

Great Songs of Country Music

This volume features 58 country gems, including: Abilene • Afternoon Delight • Amazed • Annie's Song • Blue • Crazy • Elvira • Fly Away • For the Good Times • Friends in Low Places • The Gambler • Hey, Good Lookin' • I Hope You Dance • Thank God I'm a Country Boy • This Kiss • Your Cheatin' Heart • and more.
02500503 P/V/G...$19.95

Great Songs of Folk Music

Nearly 50 of the most popular folk songs of our time, Including: Blowin' in the Wind • The House of the Rising Sun • Puff the Magic Dragon • This Land Is Your Land • Time in a Bottle • The Times They Are A-Changin' • The Unicorn • Where Have All the Flowers Gone? • and more.
02500997 P/V/G...$19.95

Great Songs from The Great American Songbook

52 American classics, including: Ain't That a Kick in the Head • As Time Goes By • Come Fly with Me • Georgia on My Mind • I Get a Kick Out of You • I've Got You Under My Skin • The Lady Is a Tramp • Love and Marriage • Mack the Knife • Misty • Over the Rainbow • People • Take the "A" Train • Thanks for the Memory • and more.
02500760 P/V/G...$16.95

Great Songs of the Movies

Nearly 60 of the best songs popularized in the movies, including: Accidentally in Love • Alfie • Almost Paradise • The Rainbow Connection • Somewhere in My Memory • Take My Breath Away (Love Theme) • Three Coins in the Fountain • (I've Had) the Time of My Life • Up Where We Belong • The Way We Were • and more.
02500967 P/V/G...$19.95

Great Songs of the Pop Era

Over 50 hits from the pop era, including: Every Breath You Take • I'm Every Woman • Just the Two of Us • Leaving on a Jet Plane • My Cherie Amour • Raindrops Keep Fallin' on My Head • Time After Time • (I've Had) the Time of My Life • What a Wonderful World • and more.
02500043 Easy Piano...$16.95

Great Songs of 2000-2009

Over 50 of the decade's biggest hits, including: Accidentally in Love • Breathe (2 AM) • Daughters • Hanging by a Moment • The Middle • The Remedy (I Won't Worry) • Smooth • A Thousand Miles • and more.
02500922 P/V/G...$24.99

Great Songs for Weddings

A beautiful collection of 59 pop standards perfect for wedding ceremonies and receptions, including: Always and Forever • Amazed • Beautiful in My Eyes • Can You Feel the Love Tonight • Endless Love • Love of a Lifetime • Open Arms • Unforgettable • When I Fall in Love • The Wind Beneath My Wings • and more.
02501006 P/V/G...$19.95

Great Songs of the Fifties

Features rock, pop, country, Broadway and movie tunes, including: All Shook Up • At the Hop • Blue Suede Shoes • Dream Lover • Fly Me to the Moon • Kansas City • Love Me Tender • Misty • Peggy Sue • Rock Around the Clock • Sea of Love • Sixteen Tons • Take the "A" Train • Wonderful! Wonderful! • and more. Includes an introduction by award-winning journalist Bruce Pollock.
02500323 P/V/G...$16.95

Great Songs of the Sixties, Vol. 1 – Revised

The updated version of this classic book includes 80 faves from the 1960s: Angel of the Morning • Bridge over Troubled Water • Cabaret • Different Drum • Do You Believe in Magic • Eve of Destruction • Monday, Monday • Spinning Wheel • Walk on By • and more.
02509902 P/V/G...$19.95

Great Songs of the Sixties, Vol. 2 – Revised

61 more '60s hits: California Dreamin' • Crying • For Once in My Life • Honey • Little Green Apples • MacArthur Park • Me and Bobby McGee • Nowhere Man • Piece of My Heart • Sugar, Sugar • You Made Me So Very Happy • and more.
02509904 P/V/G...$19.95

Great Songs of the Seventies, Vol. 1 – Revised

This super collection of 70 big hits from the '70s includes: After the Love Has Gone • Afternoon Delight • Annie's Song • Band on the Run • Cold as Ice • FM • Imagine • It's Too Late • Layla • Let It Be • Maggie May • Piano Man • Shelter from the Storm • Superstar • Sweet Baby James • Time in a Bottle • The Way We Were • and more.
02509917 P/V/G...$19.95

Great Songs of the Eighties – Revised

This edition features 50 songs in rock, pop & country styles, plus hits from Broadway and the movies! Songs: Almost Paradise • Angel of the Morning • Do You Really Want to Hurt Me • Endless Love • Flashdance...What a Feeling • Guilty • Hungry Eyes • (Just Like) Starting Over • Let Love Rule • Missing You • Patience • Through the Years • Time After Time • Total Eclipse of the Heart • and more.
02502125 P/V/G...$18.95

Great Songs of the Nineties

Includes: Achy Breaky Heart • Beautiful in My Eyes • Believe • Black Hole Sun • Black Velvet • Blaze of Glory • Building a Mystery • Crash into Me • Fields of Gold • From a Distance • Glycerine • Here and Now • Hold My Hand • I'll Make Love to You • Ironic • Linger • My Heart Will Go On • Waterfalls • Wonderwall • and more.
02500040 P/V/G...$16.95

Great Songs of Broadway

This fabulous collection of 60 standards includes: Getting to Know You • Hello, Dolly! • The Impossible Dream • Let Me Entertain You • My Favorite Things • My Husband Makes Movies • Oh, What a Beautiful Mornin' • On My Own • People • Tomorrow • Try to Remember • Unusual Way • What I Did for Love • and dozens more, plus an introductory article.
02500615 P/V/G...$19.95

Great Songs for Children

90 wonderful, singable favorites kids love: Baa Baa Black Sheep • Bingo • The Candy Man • Do-Re-Mi • Eensy Weensy Spider • The Hokey Pokey • Linus and Lucy • Sing • This Old Man • Yellow Submarine • and more, with a touching foreword by Grammy-winning singer/songwriter Tom Chapin.
02501348 P/V/G...$19.99

Great Songs of Classic Rock

Nearly 50 of the greatest songs of the rock era, including: Against the Wind • Cold As Ice • Don't Stop Believin' • Feels like the First Time • I Can See for Miles • Maybe I'm Amazed • Minute by Minute • Money • Nights in White Satin • Only the Lonely • Open Arms • Rikki Don't Lose That Number • Rosanna • We Are the Champions • and more.
02500801 P/V/G...$19.95

Prices, contents, and availability subject to change without notice.

cherry lane
music company

www.cherrylane.com

EXCLUSIVELY DISTRIBUTED BY

HAL•LEONARD CORPORATION

7777 W. BLUEMOUND RD. P.O. BOX 13819 MILWAUKEE, WI 53213

0610

   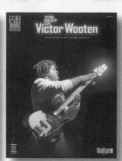